# 好感话术

［韩］吴秀香 著
(오수향)

梁梓妍 译

天津出版传媒集团
天津科学技术出版社

著作权合同登记号：图字02-2022-268

<웃으면서 할 말 다하는 사람들의 비밀>
Copyright 2018 by 오수향 (Oh Suhyang)
All rights reserved.
The simplified Chinese translation is published by BEIJING BAMBOO STONE CULTURE BROADCAST CO.LTD in 2023, by arrangement with WOONGJIN THINK BIG CO., LTD. through Rightol Media in Chengdu.
本书中文简体版权经由锐拓传媒取得(copyright@rightol.com)。

## 图书在版编目（CIP）数据

好感话术 /（韩）吴秀香著 ；梁梓妍译. -- 天津：天津科学技术出版社，2023.5
　ISBN 978-7-5742-0852-0

Ⅰ. ①好… Ⅱ. ①吴… ②梁… Ⅲ. ①心理交往－通俗读物 Ⅳ. ①C912.11-49

中国国家版本馆CIP数据核字(2023)第032023号

---

好感话术
HAOGAN HUASHU

责任编辑：杜宇琪

| | |
|---|---|
| 出　　版： | 天津出版传媒集团 |
| | 天津科学技术出版社 |
| 地　　址： | 天津市西康路35号 |
| 邮　　编： | 300051 |
| 电　　话： | (022) 23332695 |
| 网　　址： | www.tjkjcbs.com.cn |
| 发　　行： | 新华书店经销 |
| 印　　刷： | 唐山市铭诚印刷有限公司 |

---

开本 880×1230　1/32　印张 5.5　字数 120 000
2023年5月第1版第1次印刷
定价：42.00元

不要争吵,温柔些,

"是的,我们习以笑着把话说出口。"

"有很多话想说,却不知道该怎么开口。"

"因为害怕对方不高兴,所以很多时候话还没说出口就选择转身离开了。"

"就算有了目标,我也无法好好表现,就那样不了了之了。"

因为语言而苦恼的人真的很多。无论是在日常生活中,还是在商务场合中,语言的影响力都非常大。同样的话语在不同的情境、不同的情绪下，也会被传达出完全不同的含意。有时哪怕对方的语气仅有细微的变化，也会令自己瞬间变得暴躁；自己无心说出口的一句话，也会对他人产生或大或小的伤害。

再想象一下其他人对你充满期待的时候。你能在他面前公然地说"不"吗？那在一些上下级关系中会怎样呢？上司和下属员工、甲方企业和乙方企业、父母和子女等，在这样的关系中，你就更难说出你想说的话了。这样一来语言和内心就产生了矛盾。不能传达本意的话语可能会使人际关系变得紧张。

"真是一句话都不能随心所欲地说。"

有人诉苦每次说话前都感到焦虑，这不是夸张，而是实话。

但是你会发现有些人并非如此。他们总能笑着把该说的话都说出来。既能得到他们想要的，又能处理好人际关系。他们看起来并没有与人沟通上的困难,也没有人际关系上的烦恼。这是为什么呢?这是天生的吗?外向的人都是这样吗?

我想知道他们到底有什么秘密。我曾经一年做过200多次演讲,还经常为他人做心理辅导和出演节目,在此过程中能接触很多不同的人,例如讲师、销售员、主持人、播音员、企业家、上班族、家庭主妇等。最终我发现,有效的交流方式无一例外都是来自心理学的理论和方法。

以心理学为基础的好感话术,能根据自己的真心和意图去改变对方,就像向对方施了魔法,让人际关系往好的方向发展,帮助你告别因没有流利的语言及未能说完该话的话而产生的苦恼。

你可能有过这样的经历,当你和一个人交谈时,你会不知不觉地顺应了对方的意图。即使如此,你也不会

# 好感话术   IV

反感他，反而会对他产生亲近感。这也许是因为他运用了一种以心理学为基础的好感话术。如果你想到以下六个问题，那就可以把它们看作是好感话术。

为什么会自然而然地被那个人的对话所吸引呢？

为什么会轻易地被那个人的对话所诱惑呢？

为什么和那个人的对话能很好地缓和彼此间破裂的关系呢？

为什么很容易就被那个人说服呢？

为什么和那个人的对话会让你不由自主地打开钱包呢？

为什么和那个人的对话能提高成果和效率呢？

如果你能把这种好感话术变成自己的东西呢？你就不会再为说话和人际关系而烦恼。更进一步说，总是笑着把要说的话都说出来，人生会不会如愿以偿呢？

这本书包含了日常的心理对话法，恢复关系的心理对话法，说服对方的心理对话法，与恋人相处的心理对话法，打开他人钱包的心理对话法，以及提高成果和效率的心理对话法。无论你是说话的人，还是倾听的人，都希望本书的43种好感话术能帮助你成为一个幸福对话的魔法师。

心理对话法专家 吴秀香

## 第一章　获得对方好感的话术

**首因效应**—令对方产生第一好感的魔法话术　// 002

**握手效应**—让自己的话快速获得对方的支持　// 006

**微笑效应**—让自己的话更有说服力　// 009

**相似性效应**—能巧妙拉近彼此距离的话术　// 013

**称赞的近因效应**—让称赞更有效的话术　// 017

**基本归因错误**—改变一句话就令对方不悦的话术　// 021

**情感融通**—消除对方戒心的话术　// 024

## 第二章　改善双方关系的话术

**认知失调理论**—把敌人变成朋友的话术　// 028

**道歉理论**—让道歉更真诚的话术　// 031

感觉适应效应 — 和风细雨般的和解话术 // 035

上帝情结 — 撕掉"审判式领导"的标签 // 038

相互性法则 — 改善别扭关系的话术 // 041

后见之明偏差 — 一句话就能破坏关系的语言习惯 // 045

过度自信效应 — 可爱的吹牛与自夸 // 049

邻里效应 — 因为朋友很优秀所以我很不幸 // 053

## 第三章 让对方说"YES"的话术

权威法则 — 让自己的话更有分量的话术 // 058

兰格实验 — 让对方答应请求的魔法话术 // 062

安慰剂效应 — 治愈他人的话术 // 066

蔡格尼克效应 — 引起对方关注的欲擒故纵话术 // 069

框架效应 — 用积极的话术诱导他人 // 072

面包香味效应 — 用气味打开人的心扉 // 075

斯托克代尔悖论 — 基于现实的合理的乐观主义 // 079

## 第四章　让异性缘变好的话术

犯错误效应—让缺点成为魅力的话术 // 084

罗密欧与朱丽叶效应—受阻碍的爱情反而更牢靠 // 088

社会认同理论—因多数人的选择而支持自己 // 091

对比效应—利用比较，让对方开心的话术 // 095

舌尖现象—化解笨嘴拙舌尴尬的话术 // 098

既视感现象—不会令人反感的套近乎话术 // 101

智性恋—用充满智慧的对话吸引对方 // 104

## 第五章　让顾客打开钱包的话术

象征效应—让顾客购买名牌产品的话术 // 108

锚定效应—先抛出高定价，再用低折扣吸引顾客的话术 // 112

狄德罗效应—让客人继续购买商品的话术 // 116

乐队花车效应—吸引顾客从众消费的话术 // 120

热手效应—通过夸奖顾客幸运使其欣然消费的话术 // 123

古德曼定律 — 倾听不满并努力解决从而留住顾客的话术 // 126

心理感应抗拒理论 — 用限购方法催促顾客赶紧购买的话术 // 130

## 第六章　激励团队提高效率的话术

赋予进步效应 — 鼓励学生继续努力的话术 // 134

穆拉文实验 — 激发员工热情和自律的话术 // 137

公开表明效应 — 向大家宣誓自己的目标以激励自己的话术 // 141

问题行为效应 — 用提问激励对方或自己提高践行力的话术 // 145

霍桑效应 — 表明自己正在关注，以激励对方提升效率的话术 // 149

林格曼效应 — 在多人团队中提升个人工作效率的话术 // 152

罗伯斯山洞实验 — 消除冲突，提高团结 // 156

- 首因效应
- 握手效应
- 微笑效应
- 相似性效应
- 称赞的近因效应
- 基本归因错误
- 情感融通

# 第一章

## 获得对方好感的话术

## 首因效应：令对方产生第一好感的魔法话术

"改变说话的顺序，先提及做得好的事情。"

"你为什么选择他？"

"怎么说呢，不知为何感觉他的第一印象很好。如果其他条件差不多的话，我会选择印象不错的那个人。"

有些人在第一次见面时就会让人产生好感。按照最近的话来说，现在有一种类型的人，仿佛拥有"面试自由通行证"，他们在面试中，几乎无往而不利。

在社交生活中，第一印象尤为重要。一个典型的例子就是面试。

在一项调查中，75%的企业人力资源负责人表示"求职者的第一印象会影响其是否被录用"。面试官通过短暂的时间观察面试者的态度和姿势、面部表情和印象、外貌等来决定是否录用。更重要的是，85.5%的人力资源负责人表示"求职者的第一印象会一直影响到面试结束"。

韩国人对一个人产生第一印象的时间非常短。调查显示，美国人需要15秒，日本人需要6秒，而韩国人只需要3秒。

由此可见，人们在见到一个人时，很看重瞬间认知对方的第一印象。在判断对方时，轻而易举且快速地做出决定的特性，很大程度上取决于认知吝啬者效应（Cognitive Miser Effect）[①]。

但是，良好的第一印象并不是凭空产生的。仔细观察，人们为了获得对方的好感会花些心思。不仅体现在妆容、发型、穿搭，还有微笑的表情和干练的举止上。这不是单纯意味着你的外貌要漂亮或者帅气，即使没有出众的外貌，也完全可以用适合自己的风格给人留下好印象。

也许会有人对此提出质疑。

"我在外貌风格上尽了最大的努力，但还是有被比下去了的感觉，我还有什么可以做的吗？"

---

① 认知吝啬者效应：指人们在接收信息时，不喜欢思考，而多靠经验及个人直觉，并运用认知捷径来处理信息。

有，而且还有很多可以做的。除了外貌第一印象之外还有语言第一印象。

这可以用首因效应（Primacy Effect）来解释。指的是最先呈现的信息或印象比后来呈现的信息或印象对记忆的影响更大。为了验证首因效应，美国社会心理学家所罗门·阿希向实验参与者提供了关于A和B两个人的情报，如下所示。

A：聪明、勤奋、冲动、挑剔、固执、嫉妒
B：嫉妒、固执、挑剔、冲动、勤奋、聪明

结果如何呢？关于A和B两个人的情报是相同的，只是顺序不同。但实验参与者的反应却出乎意料。实验参与者对A表示好感，而对B表示反感。这是因为A的情报中的"聪明"和"勤奋"等正面词引起了正面的首因效应；而B的情报中的"嫉妒"和"固执"等负面词引起了负面的首因效应。同样的内容只是排列的顺序不同而已，结果竟然天差地别！

那么如果我们想要快速获得别人的好感，应该如何向他们介绍自己呢？

"我为自己拥有很强的计划和执行能力而感到自豪。虽然也有冒失的一面，但未来我会努力改进。"

"虽然有人说我有些冒失，但是我为自己拥有很强的计划和执行能力而感到自豪。"

怎么样？虽然仅有微妙的区别，但是第一种介绍是不是令人感觉更加积极正面呢？所以首因效应又被称为混凝土效应，就是因为其效果坚固而又长久。因此，在开头提及自己想要展现的优点和魅力吧！在这一瞬间，让我们暂时放下没有价值的谦虚美德吧！

通常决定第一印象的三大因素是"外貌、声音、语言"。所以我建议大家以后要像注意自己的外貌第一印象一样注意自己的语言第一印象。

"你好。很高兴见到你！"

用有力的声音打第一声招呼。

"超额完成了目标销售额的120%。营业利润达到了80%。"

先提及做得好的事情。

记住首因效应吧。初次见面时对一个人产生的整体印象不会轻易消失。在与某人见面时，为了能够让对方长久地记住自己的优点和魅力，让我们施展第一印象魔法吧！

# 好感话术 006

## 握手效应：让自己的话快速获得对方的支持

▼

"先与对方握手，再开口说话吧"

"如果想在对话中获得信任，就先主动与对方握手。"

这是有关见面交流的一个小提示。如果你用得好，握手能为你与对方的交流带来很大的帮助。

不仅仅是与某人第一次见面时要握手。如果在日常生活中做得恰当，也会有好的结果。这是什么意思呢？下面我们来看一个例子：公寓管理员要求居民协助垃圾分类回收的情况。

A 管理员没有与居民握手，而是向居民提出：

"为了维护公寓的良好环境，请注意垃圾分类。"

B 管理员先与居民握手，然后向居民提出：

"为了维护公寓的良好环境,请注意垃圾分类。"

话的内容相同但是带来的结果一样吗?先与居民握手的B管理员更能获得帮助。而A管理员很有可能无法获得帮助。

你听说过握手效应(Handshake Effect)吗?哈佛商学院教授弗朗西斯卡·吉诺与MBA学生进行了一项协商实验。房产买家和卖家配对后分成两个组。一个组先握手后进行协商,另一个组没有握手就进行协商。于是出现了一个有趣的结果。握手的那一组在收益分配和信息共享等方面采取了更加公平的态度。

以求职者和雇主为对象进行的实验中也出现了同样的结果。握手的一组在年薪、奖金、工作时间等方面为了达成协议做出了更多的努力。

握手效应同样适用于日常生活。吉诺教授尤其建议将其用在对子女的教育上。

"为了使因小事而争吵的子女和好,与其只让他们口头道歉,不如让他们互相握着手道歉。"这是有科学根据的。因为握手传达了对对方的尊重。

由于楼层间的噪音问题,邻里间的矛盾非常严重。在彼此没有交情的情况下更是如此。所以搬家的时候，我经常会带着孩子拿些小礼物到楼下打招呼。在这个时候，如果先握手再开口说话，就会更容易得到人心。

在职场也是如此。领导鼓励新员工努力工作时，与其只是嘴上喊着口号，不如给予一个温暖的握手。

与客户见面时也是如此。急于传达自己的要求会暴露自己是个新手。从毫无私心地与对方握手开始，稍后再将问题一个一个提出会比较好。

世界著名的吉他手吉米·亨德里克斯说："让我们用左手握手。那边离我的心脏更近。"印度首位女总理英迪拉·甘地说："如果你握紧拳头，就不能与他人握手了。"

握手的瞬间，心门就会打开，慢慢尝试吧。

## 微笑效应：让自己的话更有说服力

▼
"一张灿烂的笑脸胜过千言万语"

"虽然是第一次见面，但是给人一种很可信的感觉。"

"不知为何，我对那个人很有好感。"

"那个人，我感觉不怎么样……"

在没有任何语言交流的前提下，有的人已经表现出了魅力，给对方留下好感，而有的人却不能如此。两者的区别是什么呢？短短几秒钟就能吸引人的魅力是从哪里来的呢？那就是微笑。

一张灿烂的笑脸胜过千言万语，不仅能让人看起来漂亮，还能给对方留下良好的第一印象。

虽然很多人经常听到类似的话，但真正体会到这一点并付诸实践的人并不多。

我会遇到很多不同领域的人，完全不了解对方就见面的情况很多，而且因时间紧迫要马上离开的情况也很多。所以我会时刻注意面带笑容。

"对认识我们的人要尽可能露出真心的微笑，让我们通过微笑照亮对方的心。"

老师在讲课时，要认真准备讲义内容，并以充满热情和有趣的方式进行传授。但仅凭这些是不够的，还需要更多。让听课的学生满意，讲课结束后也能给予高分的核心就是微笑。我在讲课的时候，会一直嘴角上扬，努力保持微笑。课堂气氛变好了，内容就更容易被接受，学生们的反应也不会差。

有一件在大学生演讲比赛时发生的事情。大部分学生都准备得很好，顺利地进行了演讲。但是在表达力方面有遗憾之处——发言的学生们大部分都板着脸。当然这其中有紧张的原因，但更主要的原因是没有进行过微笑训练。

其中有个女学生一出场就与众不同，她带着灿烂的微笑站在台上。看到这种情景的评委们似乎被她的微笑所感染，也跟着面露微笑。这个女学生准备的内容很充实，演讲过程很顺利。最终，她获得了第一名，这无疑是理所当然的。

微笑会给他人带来强烈的好感。这是因为微笑效应（Smile

Effect）。科罗拉多州立大学的阿基里斯教授研究组表示，微笑可以提高语言的说服力。研究人员给大学生们看了一段面带亲切微笑的劝导视频和一段表情紧张的劝导视频。看到面带亲切微笑的劝导视频的学生们做出了如下评价。

"这个人的话可信度更高。"

"我相信这个人的话。"

在其他实验中也证明了这一点。有研究者以在酒吧点饮料的顾客为研究对象，了解微笑产生的影响。他们让服务员在为顾客提供饮料时微笑：一组展现职业化的表情，另一组展现露出牙齿的灿烂微笑。除此之外没有其他的区别。顾客的反应有什么不同呢？

等顾客离开后，统计服务员收到的小费数额，结果意味深长。露出灿烂微笑的服务员得到的小费比其他服务员得到的多了约3倍。

如果有事情要拜托别人，就收起职业化的表情，露出灿烂的微笑吧。但这并不是说不管什么时候都要微笑。虽然微笑是给对方带来好感的武器，但是在使用时也要区分时间和场所。想象一下在办丧事的人家里一直笑得很开心的人，绝对不会获得他人的好感。

## 好感话术

微笑必须是真诚的,但也需要技巧来表现。为了给人好感并露出漂亮的微笑,尝试利用一下乘务员的秘诀如何?

乘务员露出漂亮微笑的诀窍:

- 早晚对着镜子做脸部肌肉运动。
- 手机屏幕换成自己笑容灿烂的照片并跟着笑。
- 将笑起来很漂亮的人的照片贴在镜子上,经常看着并跟着笑。
- 有意识地经常照镜子,检查自己的表情。
- 以积极的心态经常努力尝试微笑。

## 相似性效应：能巧妙拉近彼此距离的话术

▼
"我们今天的穿着打扮很相似！"

"我和那个朋友不用交流也很默契。"

"有一种人，能让人无缘无故地觉得他好，不由自主地就会被他吸引。"

当你第一次见到某人时，可能就会对其产生好感。这并不是因为他外貌出众、学历高、收入多，或是他是一个有名的人物，而是因为他和你有相似的一面。

如果以找我来做咨询的夫妻为例进行分析，就很容易理解。一般来说，一对夫妻一走进咨询室，我就能猜到他们的夫妻关系如何。如果夫妻的声调和说话的风格相似，我就会很有把握地说：

"两位看起来很恩爱啊。既然关系很好，我们只要完善对话方面的技巧性问题就行了。"

然后,这对夫妻目瞪口呆,惊奇我是怎么知道的。

相反,如果一对夫妇的语气和说话风格明显不同,我会这样说:

"最近你们的关系好像很不好。在这种情况下,应该从根本上改变对话的态度,这样才能修复关系。"

这时,夫妻二人也惊讶地问我是怎么知道的。

其实,只看外表就能精准地猜出来咨询的夫妻的关系,这是根据相似性效应(Similarity Effect)做出的判断。

当人们和对方有很多相似之处时,好感度就会提高,好感度高了相似度就会增加。简而言之就是"喜欢就会变得相似"。因此,如果一对夫妻彼此相似,则很有可能彼此好感度很高,相反如果他们相差太大,则可以被解读为他们彼此的好感度在下降。

社会心理学家大卫·怀尔德曾做过一项研究,他把实验参与者分成了两组,并分别佩戴两种不同的徽章,然后让他们进入贴有相同徽章标志的房间。他们坐在一张被隔板隔开的办公桌前,不知道旁边是谁。之后,一半的参与者收到了同一个房间的人的意见书,另一半的参与者收到了另一个房间的人的意见书。意见书上明确指出了引发问题的员工，并通过判断其是否有罪来决定处罚。

研究发现，参与者倾向于同意同一个房间的人的意见。当同一个房间的人建议从轻处罚时，其他参与者就同意了。但是，如果另一个房间的人建议从轻处罚时，本房间参与者反而要求从重处罚。不仅如此。参与者对同一房间里的人的意见进行了深入的考虑，并记住了很多内容，但对于另一个房间的人的意见并非如此。

由此可见，仅凭带着同样的徽章进入同一房间的相似性也会形成好感，影响客观判断。

同理，求职者与面试官相似性越高，越有利于在面试时展现自己。在故乡、大学、外貌、兴趣、嗓音、穿搭等各个方面都是如此。

你想获得某人的好感吗？那就找出和他的相似之处，并向他表现出来吧。众所周知，销售人员善于与年龄、宗教、家乡、爱好相近的客户签约。

在恰当的时机制造适当的相似性也是可以的。例如，在语言上自然地模仿对方的最后一句话，或是在穿着上配合对方的服装风格。

## 好感话术

"我去年发生了交通事故,当时真的很难受。"
"是啊,你一定很难受吧。"

"室长,我们今天的穿着打扮很相似啊。"
"确实如此。今天的会议感觉很好。"

在不被人讨厌的前提下,相似性效应可以帮助人们在短时间内提高与对方的亲密度。

## 称赞的近因效应：让称赞更有效的话术

"先否定，再肯定。"

"朴代理总是面带微笑，真好看。"

"金部长，你今天戴的领带和你的肤色很搭。"

有些话可以把生疏的关系一下子变成亲密的关系。那就是称赞。一般来说，人们听到称赞时不会心情不好的。称赞能使人愉悦，并对称赞他们的人产生好感。尽管如此，大多数人仍然吝啬于称赞他人。

"对方没什么值得称赞的，总不能勉强去做啊。"

"我真的很讨厌用没有真心的话来奉承。"

"一定要用语言表达出来吗？对方只要用心感受就行了。"

我们常常用这些话让不称赞对方变得合理。但称赞不仅仅是在对方做了值得称赞的事情时才做的。称赞是为了表达对他人关心。意思是说，称赞并不是对方给予了自己什么好处或是做好了某件事而得到的回报。

看到健康成长的孩子，会不会因为既欣慰又喜欢而不由自主地发出称赞呢？不是因为孩子做了值得称赞的事情，而是因为自己喜爱孩子的心情不由自主地称赞。其他关系也是如此。如果对公司的领导或后辈、对自己的老师或学生满怀关心和感情，你会毫不费力地找到对方值得称赞的地方。

要想称赞对方，首先要以对对方的关心和感情为基础。如果怀着感情去看对方，就会更容易看到对方的优点而非缺点，外貌、能力、品性等任何方面都能看到优点，只要具体地指出其中一点来称赞就可以了。

"您女儿的鼻子像爸爸，又高又挺，真漂亮。"

"演讲的时候，你的中低音嗓音听起来很好听呢。"

"敏锡啊，帮不方便的朋友打扫卫生打扫得很干净啊。好极了！"

很多人盲目地认为只要无条件地多称赞，而且经常称赞就足够，但事实并非如此。有一种可以使称赞的效果最大化的方法——称赞的近因效应（Recency Effect of Praise）。指的是从指责开始，以称赞结尾，反而会产生好感的现象。

曾有社会心理学家埃隆森和琳达以美国明尼苏达大学的80名女学生为对象进行了实验。实验内容是让这些女学生听别人用四种不同的话谈论自己。然后让她们对说这些话的人进行好感度评价。

第一种一直称赞："有教养，口齿伶俐，是讨人喜欢的类型。"

第二种一直指责："无知，不善言辞，给人的印象不是很好。"

第三种说："虽然不善言辞，但是给人的印象很有教养。"从指责开始，以称赞结尾。

第四种说："虽然有教养，口齿伶俐，但是给人的印象不是很好。"从称赞开始，以指责结尾。

评价结果是怎样的呢？

第一种一直称赞似乎应是好感度最高的，但并非如此。好感度最高的是从否定评价开始，以肯定称赞结尾的第三种。

对此，埃隆森和琳达这样解释：

"如果连续反复的称赞，不仅会使人感到厌倦，而且连称赞的真实性也会受到质疑。这样的话，称赞的本意就会失色，可能会被误解为客套的空话或阿谀奉承。"

## 好感话术

如果先称赞再指责的话,期待一直受到称赞的心理会出现偏差,导致心情不好。与此相反,如果先指责再称赞的话,称赞效果会最大化。其原因就是之前所说的近因效应,即对后来提出的信息记忆更加清晰的现象。

在称赞方面,近因效应很有利用价值。老师称赞学生时,最好是先批评,后称赞。这样的话,比起挨骂,学生更容易记住后面的称赞,对老师产生好感。甚至比一直称赞自己的老师更有好感。

父母和孩子的关系也是如此。仅仅为了顾及孩子的情绪,就一直称赞是不行的。孩子的错误之处一定要纠正,但是之后一定要以称赞结尾。

职场中的领导与下属也是如此,总是过度的批评或敷衍的称赞对双方都没有好处。指出问题之后,找个做得好的事情以称赞来结尾吧。

## 基本归因错误：改变一句话就令对方不悦的话术

▼
"从外部因素中寻找问题。"

忙碌的早上，正准备上班的你要换上正装，却发现衬衫没有被妻子熨好。你看着不知所措的妻子说了一句话。那么，这时候如果是你会说什么呢？大致有两种类型。

• A类型："你到底在家里都干些什么？连一件衬衫都熨不好。"

• B类型："最近因为家务活忙得不可开交吧？但是衣服还是辛苦熨一下吧。"

也许你属于A类型的可能性比较高。人们通常会在个人的性格、动机、气质、态度上寻找行为的原因，而不是在环境、偶然的机会等外部因素中寻找原因。妻子没熨衬衫的原因可能是因为她的性格懒惰，也可能是因为她忙于其他家务。但是大多数人倾向于在他人的内在问题上寻找特定行为的原因，而不是在外部因素中寻找。所以因指责对方而引起争吵的情况很多。

这种结果是由于基本归因错误（Fundamental Attribution Error）造成的，而基本归因错误是归因理论（Attribution Theory）之一，归因理论指的是人们推论某种行为的原因的过程。基本归因错误的意思是人们只倾向于在个人内在因素中寻找行为的原因，而不是从外部因素中寻找。

心理学家罗斯、埃默维尔、斯泰因梅茨通过问题游戏实验证明了这一点。他们通过抽签选出了提问组、回答组和观察组。然后让提问组提问。

提问组看起来比较自在，相反回答组则显得不知所措。随着时间的推移，回答组回答错误的次数越来越多。观察组只需默默地看着。

游戏结束后，研究人员向三组人提出了同样的问题：

"如何评价提问组和回答组的知识水平？"

随后提问组做出了这样的回答：

"我们和回答组的知识水平差不多。"

但是回答组和观察组却给出了意外的回答。

"我们认为提问组的知识水平比我们高。"

事实上，这个实验本来就对提问者有利，就像提问者是点球手，回答者都是守门员一样。但是与外部因素相比，回答组和观察组，更重视诱导错误答案的提问组的知识水平方面的水平，即内部因素。

由于这样的认知结构，我们在日常生活中常常因为微不足道的事情而生气。这是因为出现问题时，我们习惯从对方的性格和气质中寻找产生问题的原因。

如果现实中出现这种情况，就应该暂时停止思考，调整一下呼吸。然后慢慢地检查外部因素。例如，如果女朋友比约定时间晚到的话，与其说："令人火大，你总是习惯性地迟到。"不如这样说吧：

"发生什么事了吗？是堵车了吗？"

如果男朋友因为忙于准备考试而没法经常见面，不要抱怨"你总是只想着自己"，而是站在对方的立场上说：

"准备考试的压力很大吧？我很能理解你的心情。"

试着做一两次吧。你就可以切实感受到，这短短的一句话对改善关系有很大的帮助。

## 情感融通：消除对方戒心的话术

"倾听、模仿与分享，让对方敞开心扉。"

有一种人在职场的领导能力强，人际关系也没有问题，但意外的是与异性的关系却很生疏。有一次，在IT企业上班的B某来咨询。

"朋友和同事都有女朋友，唯独我没有。是我有什么问题吗？"

交谈后发现，他的家庭中三个孩子都是男孩，毕业于男子初中和男子高中，后来又去当兵。因为几乎没有与女性交流的机会，所以缺乏与女性对话的技巧。他习惯了男性之间直接又粗糙的对话方式，在与女性交谈时也会保持这种习惯。单方面只顾自己说话，不仔细听对方说什么；一脸严肃，看起来像是在生气。

他需要一种照顾对方的对话技巧——情感融通（Rapport）。情感融通是指人与人之间产生的相互信任关系，是一种消除隔阂、能积极沟通的关系，常用于心理咨询和心理冶疗。

我在面对咨询者时经常使用情感融通。带着苦恼而来的咨询者，在第一次见面的对话心理专家面前，无法敞开心扉地说出心里话。因此双方存在距离感。此时，如果我不照顾咨询者的心理感受，摆出高姿态或不在意的态度，那么咨询者就更难说出心里话，双方的深入沟通自然就会泡汤。

因此，我专注于建立情感融通，以便在刚见面的几分钟内就让咨询者对我产生信任和亲近感。在与咨询者建立情感融通后，他们会露出舒展的笑容，然后慢慢地抛开烦恼。虽然双方是因为公事见面，但是在私下也建立了亲近关系，咨询就会有更好的结果。

上班族B某有必要学习如何建立情感融通。为了在与女性的初次见面中建立良好的感情，首先要形成相互信任和亲近感。这也适用于不善于与男性交往的女性。

想要建立情感融通，需要做到以下三点。

第一，倾听对方的话。即使是微不足道的对话，也要注视对方，点头应和。这样一来，就能确信对方对自己有兴趣。

第二，模仿对方的行为。对方喝茶，就一起喝茶；对方笑，就跟着他一起笑。相似的行会为使对方产生共鸣。

第三，适当分享自己的私人故事。这部分是最重要的。率真地表现自己，或暴露自己的缺点，可以降低对方的警戒心，从而引发对方的好感。

在警戒心和距离感的阻碍下，不仅是异性，任何人都很难对对方产生好感。所以让我们从建立情感融通层面来打破障碍开始吧。如果双方能敞开心扉，那就成功了一半。

认知失调理论

道歉理论

感觉适应效应

上帝情结

相互性法则

后见之明偏差

过度自信效应

邻里效应

# 第二章
# 改善双方关系的话术

## 认知失调理论：把敌人变成朋友的话术

"能借你的××用一下吗？"

这是本杰明·富兰克林还是宾夕法尼亚州议员时发生的事情。当时，他有一个棘手的政敌，并为此感到非常困扰。就在他苦恼着如何与政敌建立友好关系时，想到了一个独特的方式。

富兰克林找到他的政敌说：

"我有一本急着要看的书，听说你有那本书。如果可以的话，能借给我吗？"

虽然是非常珍贵的书，但出乎意料的是政敌欣然答应了。

"没问题。好好看完，然后还给我。"

几天后，富兰克林把一张写着"谢谢"的纸条塞进书里还了回去。

过了一段时间，富兰克林在州议会的议事堂碰见了政敌。但是发生了令人吃惊的事情。政敌的态度与以往完全不同，以非常友好的姿态，率先向富兰克林搭话，这样两个人的关系就从政敌关系变成了友谊关系。后来，富兰克林在自传中写道：

"帮助过你一次的人，以后会更愿意帮助你。"

这被称为本·富兰克林效应（Ben Franklin effect）。

"帮过一次之后，还想再帮？这像话吗？"也有人不同意这一说法。但是认知失调理论（Cognitive dissonance theory）可以解释其逻辑背景。这是一种解释人们的态度或行为变化的理论，它是为了消除人们的信念、想法和态度、行动之间的不协调所导致的心理不适。

"认知失调理论"是20世纪50年代美国心理学家利昂·费斯廷格的《认知失调理论》中首次提出的术语。他以斯坦福大学的学生为研究对象进行了实验，让两组学生做既无聊又没意义的工作，然后给一组学生一美元，另一组学生二十美元，然后提出这样的要求：

"你会对等待下一次工作机会的学生们撒谎说这次的工作非常有意思吗？"

结果是收到1美元的小组更加积极地说谎。这个小组是来自著名的斯坦福大学的学生，自尊心不允许他们说只收取1美元就做了无聊的工作。经历过这样认知失调的学生们即使说谎也要守住自尊心。

在生活中，经常会面对与自己关系不好的人。虽然会存在着对方单方面怀有恶意的情况，但更多是因为彼此不合拍而感到别扭。此时，为了挽回已经别扭的关系而做出努力，说服和调解已经没有多大用处。最有效的方法就是走近他，郑重地拜托他帮助自己。

"我的手机突然没电了，能借用一下你的手机吗？"

"上次和家人一起去野营的时候，燃气炉坏了。这次能借用一下你的燃气炉吗？"

"我在这方面有些不足，能帮我看一下吗？20分钟就够了。"

在你突然提出请求的瞬间，谁知道会不会出现由敌人成为朋友的美好大和解呢。

## 道歉理论：让道歉更真诚的话术

▼
"勇敢地承认自己的错误并请求原谅。"

"为什么要先道歉？先道歉的话就输了！"

"就那样不了了之就行了。非要提起它吗？"

在建立关系的过程中，我们偶尔会出现一些因无意的失误而需要道歉的事情。但是相当多的人忽略了道歉。因为一方是加害者，另一方是受害者，所以适当的道歉是必需的。如果不好好道歉的话，很有可能会因为矛盾导致双方关系恶化甚至断绝关系。

虽然道歉是日常沟通的一种表达方式，但其意义和作用不容小觑。现在道歉已经被确立为学术研究的主题和理论了。首次确立道歉学术框架的是美国马萨诸塞大学的精神科教授艾伦·拉扎尔。他分析了一千多例事件，确立了真正意义上的道歉理论（Apology theory）。

道歉是什么呢？道歉指的是承认自己的错误并请求受害者的原谅。艾伦·拉扎尔教授认为道歉不仅有着承认错误和原谅错误的作用，同时还是消除矛盾的钥匙。

他主张，虽然道歉被认为是懦弱的象征，但实际上它更需要勇敢的力量。为了进行真诚的道歉，需要经过"承认、后悔、解释、赔偿"四个阶段。经过这个过程，人际关系就会得到治愈。

那么，怎样道歉才有效呢？对此，可以参考美国俄亥俄州立大学的教授劳·莱威基的研究结果：道歉需要六个要素。这六个要素越详细，被对方原谅的概率就越高。

1. 表示后悔
2. 解释错在哪里
3. 承认错误
4. 保证不再发生
5. 提出补偿或补救措施
6. 请求原谅

其中，最有效的是第三个要素"承认错误"。因为最重要的是真诚地承认错误。其次是第五个要素，希望能提供实质性的补偿对策。再次是第一、二、四个要素。效果最低的是第六个要素,仅说一句"请你原谅",包含着敷衍的态度,没有多大效果。

不管是出于本意还是不小心的失误,当我们给别人造成伤害时都应该明确道歉。以下道歉话术是非常有效果的。

- "这完全是我的责任。我无可反驳。"

→3. 承认错误

- "不仅是经济上的损失,精神上的损失我也会用心补偿的。"

→5. 提出补偿或补救措施

- "我真心为自己的行为感到后悔。"

→1. 表示后悔

- "我会如实告诉你发生这件事的情况。"

→2. 解释错在哪里

- "今后我一定会留意,绝对不会再发生这样的事情。"

→4. 保证不再发生

- "请你原谅我这一次吧。"

→6. 请求原谅

我们每个人都会失误、犯错。重要的是在那之后采取了什么样的态度。承认错误并道歉绝不是懦弱的行为。要记住，承认自己的失误并对此负责的态度才是成熟且有勇气的人应有的姿态。

## 感觉适应效应：和风细雨般的和解话术

▼
"不要昨天吵架，今天就立刻主动讨好。"

"我表示出了和解的态度，但对方完全没有回应。"

"我跟他说过要好好相处，他却更生气地问我是不是因为他有利用价值，所以我才说这样的话。"

因为吵架而严重破坏的关系是很难恢复原状的。在这种情况下，立刻讨好对方不仅对双方的关系没有帮助，反而会产生更大的误会。为什么会这样呢？这是因为对方愤怒的情绪没有得到缓解。

如果抱着尽快和解、好好相处的想法而着急与对方和解，希望对方也能快速改变心意，反而会适得其反。

在这种情况下，时间是绝对必要的。我们应该循序渐进地，在对方毫无察觉的情况下与对方进行和解。

这可以用感觉适应效应（Sensory Adaptation effect）来解释。指的是当我们持续受到一定大小的刺激后，感觉功能就会下降，在受到更大的刺激之前感觉不到原有刺激的现象。

回想一下泡脚时的情景吧。当我们刚把脚放进热水里，会被水烫得吓了一跳，但过一会儿就没事了。吃好吃的食物时也是同样的道理。刚开始食物的味道很浓，但是吃着吃着就习惯了。

有一次，当我在咖啡厅遇到20多年没见的高中同学，在看到同学面容的那一瞬间，我不由自主地发出了惊叹。因为我从同学的脸上清晰地感受到了岁月的痕迹。

"老同学，你的变化太大了。你以前的容貌去哪了？"

感到错愕的老同学眨了眨眼睛，开口说：

"那你呢？你还说别人吗？"

"什么？我怎么了？我的体重和容貌一直都没变。"

"真好笑。你连镜子都不照照吗？"

这天我犯了两个错误。一个是一见面就说了冒犯老同学的话，另一个是没能察觉到自己的容貌的变化。我并不是不照镜子，之所以不知道自己容貌已变，是因为感觉适应效应。当我每天都能看到自己的面孔，我会忽略它在慢慢地变化。可见，如此微小的变化如果持续很长时间，就很难感知。

在试图与关系别扭的对方和解时，可以利用这一原理。让我们用长时间慢慢地、一点一点地传达和解的态度和话语吧。如果与同事发生了严重的争吵，不要为了第二天想和解而勉强自己。可以以公司有好事为借口，假装无意中传递消息，不留痕迹地刻意接近。

"听说有关于你的好消息。我偶然听到的。"

之后装作若无其事的样子回到自己的座位就可以了。

除此之外还有其他的方法。如果你有机会和同事们一起吃饭，包括那位同事，不妨这么说：

"果然要几个人一起吃饭才好吃。"

这次也要像没有别的意思一样，潇洒地结束对话。如果以这种方式慢慢表现出和解的姿态，同事就不会察觉到明显的和解意图。就像细雨润湿衣服，善意不断积累，双方的矛盾在某个瞬间自然就和解了。

## 上帝情结：撕掉"审判式领导"的标签

"我的想法并不总是对的……"

"你的想法是错的，我说的对。"

"不要说那些没用的话，照我说的去做吧。"

"还有比我更了解那件事的人吗？"

有的人会以这种方式堵住对方的嘴，使对话中断。他们不听取别人的意见，并且单方面地审判对方，关闭沟通之门。

出乎意料的是，我们周围有很多这种类型的人。特别是这样的人在担任领导之后会更加如此，这种方式甚至导致他带领的团队出现严重的问题，像动脉硬化血液不通一样，团队沟通出现阻碍。我很好奇，这种人为什么只审判别人，不进行横向沟通呢？为什么会这样呢？

这可以用**上帝情结（God Complex）**来解释，**即一个人**

**认为自己是优越的存在，相信自己的判断一定比别人的正确。**
在心理学家欧内斯特·琼斯的《应用精神分析学》（Essays in Applied Psycho-Analysis）中，首次使用了"上帝情结"一词。这是一种认为自己拥有像神一样的力量而产生的现象。他们认为自己的判断不可能有问题，全部是源于他人的错误和不足。

上帝情结也经常出现于夫妻之间。丈夫年龄大，社会阅历更好的情况更为严重。通常对话是这样的：

"你懂什么？"

"在家里能有什么事可做……游手好闲只剩下长胖了。"

"照我说的去做就行了，为什么不听话呢？"

如果经常说出对对方毫无尊重和关怀的话语，反复使用这种语言暴力，夫妻之间的感情裂痕就会越来越深。

在职场也是一样。有些领导说话总是唯我独尊，只要站在麦克风前，就会说出一场训话。比如"这样做是不可取的""不要成为这样的人"等，充斥着各种指责和教导。别人不可能有发言权。

这些人大都具有傲慢自大、轻视他人、绝不容忍别人批判自己的特点。被这样的人领导，团队成员会泄气。发表具有创意性和建设性的意见不仅是做梦都不敢想的事情，而且不知不觉间团队会向迎合领导的方向发展。

团队成员不仅不能开心地、自发地工作,还要经常关注领导的脸色,这样的团队在开展工作时能顺利吗?答案显而易见。这种团队不久就会被淘汰。

不要认为这是别人的事,我们有必要时刻警惕并检查自己是否在不知不觉中出现了这种问题。那么,怎样做才能避免上帝情结呢?最好的方法是换位思考。

夫妻之间就试着这样聊天吧:

"从你的立场来看的话,也可能会这么想。"

"最近忙着做家务,忙着教育孩子,连运动的时间都没有了吧?"

如果你是领导,在和团队成员开会时,不妨这么说:

"我的想法并不总是对的,如果有好的建议,请随时告诉我。"

"这是我没有想到的,真是个好主意。"

如果你是公司的高管或代表,可以这样对员工说:

"我和大家是一样的普通人,也会失误或判断错误。所以我们要打开横向沟通的窗口。请各位多多帮助公司的发展。"

## 相互性法则：改善别扭关系的话术

"关系越是不好，越要先打招呼。"

人与人之间的关系不可能总是友好的。和平的关系偶尔也会因为不好的事情而出现问题。当我们不知道从哪里开始解开这个结时，应该从哪里开始好呢？

也许答案非常简单。就是打招呼。像往常一样主动打招呼就可以了。但是一旦关系出现了问题，人们就会这样想：

"关系又不好，怎么打招呼？"

"如果我先打招呼，不会觉得我很好欺负吗？"

还会有这样的想法。

"年纪大的我为什么要先打招呼……年纪小的人才应该先打招呼。"

"后辈不是应该先打招呼吗？这是顺理成章的事。"

本想先打招呼的你，是否会产生上面那些想法，经常犹豫不决？虽然没有规定应该由谁先打招呼，但人们还是认为应该由下级先向上级打招呼。正因如此，当下级受到主动打招呼的压力时，两者之间的关系会变得更加别扭。

首尔大学心理学郭锦珠教授反而认为："上级先打招呼时，可以很好地接受。"

"这是陷入了一种认为先打招呼就会觉得自己很可笑的偏见。上级先打招呼，反而会带来积极的模仿效果。"

这是相互性法则（The Law of reciprocality）。简而言之就是"有去的情才能有来的情"。一方只接受，一方只给予，是无法建立良好关系的。上下级有什么重要的？重要的是先表达善意。

1971年，康奈尔大学心理学家丹尼斯·里根教授将学生分成两组进行了心理实验。向第一组提供免费可乐，并这样拜托他们：

"实验结束后，请给我买一张25美分的彩票。"

不给第二组免费可乐，拜托了同样的事情。实验结果显示，得到免费可乐的第一组买彩票的人数是什么都没有得到的第二组的两倍以上。可乐10美分，彩票25美分。这是在本人蒙受损失的情况下买的彩票。可以看出小小善意的力量比想象的要大。

美国的一个公益团体利用相互性法则，成功地筹集了很多捐款。

他们在机场向游客赠送小花束时这样说道："这束花包含着我们的谢意。"然后再请求捐款。最终游客捐款的数额比没有送花束时大幅增加。

打招呼也不例外，抛开年龄和级别，主动把问候表达出来。请先记住以下四条有关打招呼的小建议。

第一，即使对方无视，也要继续打招呼。

"我为什么要这么做？"或许你不能理解即使对方不接受也要继续打招呼这一做法。有可能对方并不是在耍傲气。当然如果关系别扭，对方就很难马上对打招呼有所回应。他们会觉得很尴尬，不禁产生"这人怎么了？""是我的错觉吗？"这样的想法。但是，如果坚持不懈地打招呼，对方总会心平气和地接受。

第二，问候的话要一字一句清楚地讲完。

因为心里尴尬而含糊其辞地打招呼是毫无用处的。只有让对方能够清楚地听到，一字一句有力地打招呼，才能准确地传达意思。

第三，要注意举止礼貌。

现在关系不是不好吗？不是有要恢复关系的明确目标吗？那就应该注意有礼貌地问候对方。一开始可能会装作不接受问候，但从某一天开始，对方也会以同样的方式向你问候。

第四，脸上不要失去微笑。

与其板着脸打招呼，不如不打招呼。"早上好！"如果你体验过以明朗的微笑先打招呼的力量，那么定会欣然接受这个建议的。

如果双方在关系好的时候，也不怎么互相打招呼，那在关系别扭的时候，互相打招呼该有多困难啊。但是只要不是永远不见面的关系，就无论如何都要努力。要记住，想要恢复关系，没有比打招呼更简单、更有效的方法了。

## 后见之明偏差:一句话就能破坏关系的语言习惯

▼
"不要再说'我就知道会这样'"

"我就知道你一定会闯祸。"

"为什么惊讶?你不知道他会变成那样吗?我早就知道了。"

"明摆着会变成这样,不是吗?"

每当发生不好的事情时,总会有人站出来说这样的话。典型的例子就是养育子女的父母。孩子们在成长的过程中会受伤,也会犯大大小小的失误。

虽然大家都是经历这样的过程成长起来的,但是当孩子犯了一点小错误时,很多父母还是会以"我就知道总有一天你会闯祸"的话语给孩子难堪或做出否定孩子的判断。

很多父母都抱着"因为是自己的孩子,所以什么都了解"

的态度。他们认为自己一眼就能看透孩子的行为和失误。但这是一个巨大的错觉。这种错觉来自于后见之明偏差（Hindsight Bias）。

**后见之明偏差指的是在知道了一件事情的结果之后，认为一开始就知道了那件事情的结果的倾向。也被称为早就知道效应（Knew-It-All-Along Effect）。**

最先关注这一现象的人是美国心理学家巴鲁克·皮肖夫。他在一次研讨会上听到内科医生们对一个具体案例异口同声地说：

"这个患者必然会出现糖尿病并发症。我就知道会这样。"

"我也是。从各种情况来看，这个病人出现糖尿病并发症是必然的。"

对于出现糖尿病并发症的结果，大家都像是早就知道会出现那样的结果一样自信地谈论。没有一个医生说自己没有预料到。好像只有这样，才能体现医生的权威一样。但是，他们的意见似乎有不科学的成分。

"大家在结果出现之后都说那样的结果是必然的。但是在有这样的结果之前，谁也没有想到会有这样的结果。"

以此为契机，皮肖夫与贝斯共同进行了一个实验。1972年在尼克松即将访华时，他们询问实验参与者对尼克松访华会带来什么结果的看法。大部分人对结果持否定态度。但现实却并非如此。尼克松与毛泽东会面，会谈很成功，两国决定结束敌对关系。

他们再次询问了同一批实验参与者是如何看待会谈结果的。然而此时大多数人对会谈结果持肯定态度。就连曾经对会谈结果持否定态度的人也表现出好像他们之前就持肯定态度。

"我就知道会成功。不是有这样的迹象吗？"

皮肖夫和贝斯通过这项实验发现，人们倾向于认为结果是"早就知道会那样"。尽管事实并非如此。

这种后见之明偏差会导致自己常有什么都知道的傲慢态度，因此要格外小心。前面也说过，父母更是如此。如果子女做出令人失望的行为时，从说出"早就知道会这样"的那一刻，父母与孩子的对话就会被切断。想象一下孩子平时沉迷于游戏，结果期中考试成绩大跌的情景。

"从你沉迷游戏的时候开始，我就知道会这样。以那种精神状态去学习，成绩不下降才奇怪呢。"

听到这些话的孩子会怎么样呢？会自尊心受挫，也会失去沟通的欲望，与父母的关系自然也会渐渐疏远。当然，如果孩子的成绩不好，你会很生气，此时你要调整自己的心态。与其给孩子打上消极的烙印，不如试着这样说：

"这次的成绩有点下降。你觉得为什么会这样？我们可以一起讨论一下以后该怎么做。"

面对频繁失误的团队成员也一样。不要给他们打上消极的烙印，你可以试着这么说：

"虽然有一些失误，但希望以这件事为契机，下次更加谨慎一些吧。"

充满后见之明偏差的话语，不仅会出现在父母子女、组长组员等这种上下级关系中，还会出现在准备就业的恋人在面试中落选时，以及平时不喜欢的同事遭遇不幸事情时，等等。

在说出"我就知道会这样"的瞬间，说话的人可能会有优越感。但这句话会成为一把匕首，插进对方的心里，导致你们的关系瞬间崩塌。

## 过度自信效应：可爱的吹牛与自夸

▼

"睁一只眼，闭一只眼，关系才能更融洽。"

"我的拍照水平不错吧。"

"那就交给我吧。我非常擅长。"

"没有人会赶上我的酒量吧。"

这是我们曾经说过的话，也是我们经常听到的话。人们更倾向于把自己包装得比实际更厉害。勉勉强强过合格线的就业准备生①表示，这个分数已经绰绰有余了。丈夫一边教妻子开车，一边像世界上最好的司机一样耍威风。仿佛所有的父母都说自己在上学时是优等生。

---

① 就业准备生：韩国就业形势严峻、很多找不到工作的毕业生会进入一段长时间的就业准备期，去参加各种资格证的培训和考试，这些人被称为"就业准备生"。

难道他们是恶劣的骗子吗？并非如此。又或许是因为不谦虚吗？因为是骗子吗？不是那些问题。虽然在程度上有所差异，但每个人都具有想要高度评价自己的特性。

"不是说以前拍照拍得不错吗，这不是说谎吗？我看不怎么样啊，你怎么总是吹牛呢？"

"听说你很会做菜，刀法怎么这么生疏啊。饭菜也不好吃……"

这种每件事都如此应对的人，乍一看，可能看起来是正义的或是聪明的，但实际上并非如此。所以实在没有必要把小小的自夸当作人性的问题，也没有必要追究事实。为什么这样呢？

**评价自身能力高于平均水平的倾向被称为过度自信效应（Overconfidence effect），通常也被称为沃比根湖效应（LakeWobegon effect）。**

20世纪70年代，美国播音主持盖瑞森·凯勒在自己的广播节目中讲述了一个名叫"沃比根湖"的虚构村庄。村里的人被设定为力气大、长得帅、聪明、非常乐观，每个人的能力都高于社会平均水平。

心理学家托马斯·吉洛维奇认为觉得自己高于社会平均水平的倾向是"沃比根湖效应"，揭示了过度自信的倾向是人类的普遍心理。1977年，他以美国一所高中的学生为对象进行了问卷调查。结果显示，70%的学生认为自己的领导能力高于平均水平，100%的学生认为自己的亲和力高于平均水平。

以色列心理学家丹尼尔·卡内曼以中小企业家为对象进行的研究也显示出了类似的结果。卡内曼提出了这样的问题：

"你认为自己成功的概率是多少？"

对于这个问题，81%的企业代表表示自己成功的概率超过70%，在这其中一些企业代表甚至认为自己失败的可能性为零。

然而现实却完全不同。美国中小企业的5年生存率只有35%。那么，做出回答的人中有相当一部分人没有认清现实，对成功过于自信。这种过度相信自己的倾向是普遍现象。

因此，如果不是达到病态程度的谎言或给他人带来伤害的情况，面对亲近的人吹牛时就睁一只眼闭一只眼吧。如果仔细逐一追究事情真实与否，或者一一指出夸张的内容，谁还会愿意和你交谈呢？这样的处事方式跟谁都难以建立融洽的关系。

扪心自问，你真的没有高估自己或过于相信自己的倾向吗？你从来没有在别人面前吹过一次牛吗？肯定在某些方面，你也会有高估自己的倾向。而且有时这样的倾向能帮助我们充满自信地生活。

"不要担心这次的新项目。我不是在上一个项目里大展拳脚了吗?"

"哇,那我就无条件相信并跟随组长了!"

"这里的饭菜不怎么样,我可以做得比这里的更好吃。"

"是吗?那有机会一定要尝尝你做的。我会期待的。"

这种对话并不是阿谀奉承,而是既精明又有雅量。对话的技巧其实并没什么了不起的。但是不要忘记像这样笑着接受对方,体谅对方。

## 邻里效应：因为朋友很优秀所以我很不幸

"消除比较才能恢复自信心"

我刚开始做讲师时交了一个朋友。和我一样，她也摆脱了全职主妇的身份，以讲师的身份展开了第二人生。但她从一开始就与我们与众不同。她是空姐出身，外貌出众，口才也很出色。想邀请她的地方一天比一天多。当时的我一个月只有几节课，而且还处于很不稳定的状态，课后的反馈也不太好，因此我常常会感到焦虑不安。

随着时间的流逝，不知为什么和她见面我会变得有些尴尬。我经常不知不觉地说出这样的话：

"你现在都成了明星讲师了，而我这样算什么呀。"

"果然和我不一样。可能是因为身材苗条吧，你穿什么都好看。"

每次见到她，我都不自觉地说些与她比较的话。因此我对自己的处境越来越不满，甚至从某一刻开始就不愿意与她见面了。随着时间的流逝，现在我也成了所谓的明星讲师。但是当时的我不断地拿她和自己做比较，用语言来侵蚀自己的幸福。

**这可以用邻里效应（Neighbor Effect）来解释。指的是根据邻居的财产、消费水平、社会地位等来评价自己的倾向，又名模仿琼斯家（Keeping Up with The Joneses）。**

美国时事漫画中有一个讽刺人们相互比较的故事——《模仿琼斯家》。如果琼斯家买汽车，即使没有汽车，日子也过得很好的人，也依旧会产生剥夺感[①]，从而模仿琼斯家，自己也会去买汽车。如果琼斯家换成中型车，那么自己也要换成中型车才甘心。邻居们如果不能赶上琼斯家，就会变得不安。

保罗·克鲁格曼是获得诺贝尔经济学奖的世界著名经济学家，应该是在学术成就、社会声望、经济收入等方面都不需要羡慕别人的人，并且应该过得很幸福。但实际上，他说自己很不幸，并解释了原因：

---

[①] 剥夺感：指当人们将自己的处境与某种标准相比较而发现自己处于劣势时所产生的受剥夺感。

"我的参照对象是同辈中最成功的经济学家,但我尚未成为他们中的一员。"

这是什么意思呢?也就是说,虽然他成为了最优秀的经济学家,但当他与自己的"邻居",即世界领先的经济学者进行比较,也会不得不贬低自己。因此,他感到不幸是无法避免的。

人们具有不断与他人进行比较的倾向,尤其倾向于和关系较近的人进行比较。但如果一旦开始进行比较,就会没完没了。和某些人相比,在某些方面有不足之处是无法避免的。当然这种比较倾向是人们不可避免的本能。但如果不能适当地控制,就会导致不幸,人们之间的关系也会破裂。

美国的评论家亨利·路易斯·门肯说:"富翁是比妯娌赚钱多的人。"也就是说,只有比和自己关系比较近的人过得好,才会感到满足。这里必然掺杂着嫉妒之心。因此,骨肉或至亲经常成为竞争对象,而且彼此间的关系非常容易出现裂痕。

但是想想看。有必要不断地与别人比较,向自己灌输不幸吗?因为羡慕嫉妒朋友或邻居拥有自己没有东西而破坏关系,真的是我们所希望的吗?

检查一下自己的说话习惯。也许在无意中说出了和别人比较的话。忘记无法拥有的东西，并对拥有的东西心存感激吧！真正的自信和幸福不是来源于我们拥有的东西，而是来源于我们的内心。

- 权威法则
- 兰格实验
- 安慰剂效应
- 蔡格尼克效应
- 框架效应
- 面包香味效应
- 斯托克代尔悖论

# 第三章

## 让对方说"YES"的话术

## 权威法则：让自己的话更有分量的话术

"××专家，也是这么说的。"

在妻子劝丈夫戒烟的情况下。A和B哪种方式更有效？

A："抽烟对身体多不好啊……拜托你戒烟吧。身为一家之主，哪怕是为了孩子们，也要注意健康。"

B："哈佛大学医学院的教授们不久前发表了文章，认为香烟对人体产生的负面影响有……"

据罗伯特·西奥迪尼的研究，B是有效的。因为只要提出的论据具有权威，其说服力就会随之变大。这被称为"权威法则"（The Law of Authority）。同样的信息，通过权威者传达和非权威者传达，在说服力上有着天壤之别。

1955年，美国得克萨斯大学的一位助教做了一项有关行人闯红灯的实验。一次是身着正装的行人闯红灯，另一次是身着休闲装的行人闯红灯。行人穿着什么样的衣服闯红灯时，其周围模仿的人会更多呢？结果是身着正装的行人闯红灯时，跟在他后面的人更多，身着正装的行人比身着休闲装的行人闯红灯时身后跟随的人的人数多出了3.5倍。这便是权威装束所带来的效应。

还有一项实验可以证明权威的力量。美国心理学家斯坦利·米尔格拉姆进行的"服从实验"也出现了同样的结果。他以研究"体罚对学习效果的影响"为由招募参与者。参与者担任教师的角色，每当玻璃窗里面的学生（研究人员假冒的）说出错误答案时，他们的任务就是对学生施行电击。在那个房间里还有一个下命令的观察者。

每当"学生"给出了错误的答案，研究人员（观察者）就要求作为"教师"提高电击的强度。这个实验的结果如何呢？

令人惊讶的是，65%的"教师"施行了最高水平450伏特的电击。由于电击强度加大，"学生"发出了"救命"的尖叫，但大多数"教师"没有停止电击。虽然电击是假的，"学生"的尖叫声也是假的，但"教师"并不知情。

是什么导致了"教师"施行达到危及生命程度的电击?他们回答说:"因为研究人员没有说让我停止。"这鲜明地体现了普通人是多么盲目地听从权威者的指示和命令,甚至是不正当且暴力的命令。

罗伯特·西奥迪尼表示:"权威者给出的信息会让人瞬间决定在特定情况下如何行动。"

"正如米尔格拉姆指出的那样,听从权威人士的命令,实际上有很多益处。在孩童时代,跟随权威者(例如父母或老师)确实是有益的。因为他们不仅更有经验,而且有奖惩我们的权利。长大以后,权威者被雇主、法官、政府领导人等所取代。但出于同样的原因,跟随这些权威者也是有益的。权威者得益于自己的社会地位,拥有更多的情报和权利。遵循他们的要求通常是合理的,但是如果你太理所当然的服从权威者,那么你最终可能会服从完全不合理的命令。"

综合这些故事可以看出,为了说服别人,利用权威法则是一种非常有效的方法。但也不能因此就理解为要服从错误的、不合理的命令。只是在说服某人时,我们可以有效地运用服从权威的心理。

"据美国麦肯锡公司的报告显示,该营销战略的成功率高达89%。使用这个策略，他们的营业利润比去年增长了35%。所以我们也应采用这种营销策略。"

"不应该在红海上自讨苦吃，而应该开拓新市场。据蓝海战略创始人金伟灿教授所述……"

"妈妈，听说这本书对准备考试很有用。住在隔壁、考上首尔大学的郑兰姐也用这本书……"

当我们一味地主张自己的立场和经验时，是很难得到对方的回应的。在这种情况下，我们把主张加以装饰，提出理论性的依据，就会有所帮助。如果以该领域的权威人士的话、著名机构的研究结果、专家的著作、已经得到证明的统计资料等为根据，他们的权威性和可信赖性会给你的话语增加力量，同时也会成为支撑你的理论的坚实后盾。

## 兰格实验：让对方答应请求的魔法话术

"为了说服对方，先说出理由更有效。"

- A："妈妈，给我买个玩具。不给我买，我就不吃饭了。"
- B："妈妈，给我买个玩具吧，因为我真的很需要它。"

上述两种孩子缠着妈妈买玩具时说的话，哪句更有效呢？你是否认为事情的决定权在父母，孩子怎么说都不会有太大的差别？但事实并非如此。

B更有效。如果你是抚养孩子的母亲，请试着回忆一下。当孩子使用"因为"这个词时，你是不是觉得孩子的话更有逻辑性，因此同意的可能性更高且更多？实际上，"因为"一词发挥了强大的效果，可以称之为能带来魔法的话术。

这可以用兰格实验（Langer's Experiment）来解释。哈佛大学心理学教授艾伦·兰格表示，为了说服对方同意自己的请求，先说出理由更加有效。

首先，艾伦·兰格教授的研究小组对在图书馆排队复印的人进行了以下实验。让陌生人接近先排队者，让他们分别说不同的话。

第一个人是这样说的：

"打扰一下。我只复印五张，可以让我先复印吗？"

在面对这样的请求时，60%的排队者答应了。

第二个人是这样说的：

"我可以先用复印机吗？因为我有点儿急事。"

在提出这样一个适当的理由后请求，94%的排队者答应了。

接下来的研究更加有趣，他们决定了解一下"因为"的效果具体是什么程度。这一次向排队者说"因为"，然后让他们重复意思相同且毫无意义的话。

一个陌生人对站在复印机前排队的人们这样说：

"我可以先用复印机吗？因为我要复印。"

人们的反应如何呢？会生气地问说什么玩笑话吗？令人惊

讶的是，93%的排队者接受了这个请求。我们该如何理解这个神奇的现象呢？

罗巴德·奇·阿尔迪尼在《说服的心理学》中这样解释了原因："**兰格实验证明了'因为'这个词具有独特的赋予动机的效果。这个词之所以有说服力，是因为在'因为'一词和后面跟随而来的合理的理由之间存在着一种联想关系，这种联想关系随着我们生活阅历的增加而不断强化。**"

人们知道在"因为"之后会提到合理的理由。所以无论是儿童、青少年，还是成年人，都有过只要出现"因为"一词，后面就会自动出现理由的经历。因此，**人们一听到"因为"，就会自动说出"YES"。**

在向某人提出困难的请求或协商工资时，不妨使用"因为"一词。假设我们想拜托陌生人让出停车位，那么就试试这样说吧：

"我想拜托你把车开走。因为我有点急事，需要马上把车停在这里。"

现在，你正在协商工资。应该不会是打算说"拜托给我加薪吧，我工作很努力"这种话吧？我们要明白，这种话老板根本听不进去。不如这样说：

"我希望能提高我的年薪。因为我工作非常努力,有资格得到更好的待遇。"

让对方在一定程度上误以为自己说的是非常恰当的事情,"因为"是引出"YES"的魔法词汇。记住,不要盲目地强求或马上拜托,尽量制造让他人只能说出"YES"的情况吧。

## 安慰剂效应：治愈他人的话术

▼
"感觉很不错，这次你一定会成功的！"

"妈妈的手是药手。"

神奇的是，当孩子肚子疼时，妈妈一边说这句话，一边用手揉一揉孩子的肚子，然后就像什么都没发生过一样，疼痛就消失了。我想你一定有过这样的经历。这到底是有什么魔法呢？是偶然，还是错觉？

妈妈的手成为药手是有根据的。这就是**安慰剂效应（Placebo Effect）**，即给病人无效的治疗，病人却"相信"治疗有效，最终症状得到缓解的现象。

1957年，美国心理学家布鲁诺·克洛普弗发表了一篇关于此效应的报告。在一家医院，一位晚期淋巴腺癌患者正在等待死亡。这时，出现了抗癌新药上市的新闻，广播和报纸上这样报道：

"现在癌症被征服了。癌症就像感冒一样了！"

当躺在病床上看新闻的晚期淋巴腺癌患者也看到了这一消息时，原本无力地眯着眼睛看新闻的他，此刻心脏开始更有力地跳了起来。虽然医生们知道这种新药的效果被夸大了，他们认为对这个病人并不会有太大的效果。但是晚期淋巴腺癌患者以一种抓住救命稻草的心态使用了新药。

在医生们对此药的效果没有抱有任何期待的情况下，过了几天，患者的治疗效果令医生们大吃一惊。

"这真是个奇迹。肿瘤标志物居然减少了这么多。"

确认患者病情迅速好转的医生们无法相信这是新药取得的惊人效果。几天后，电视上出现了更正新药疗效的更正新闻。

"这种新药的疗效被夸大了。实际上并没有太大的作用。"

患者也得知了这一消息。接着令人吃惊的事情又发生了。从此患者的病情开始恶化。之后，布鲁诺·克洛普弗通过研究查明病情可能是因患者的期待而发生的变化。

安慰剂效应在职场领域也可以使用。如果领导向下属员工或者下属员工向领导提出困难的建议，就用安慰剂效应来代替冗长的解释和辩解吧。用坚定的自信感武装自己，让对方产生期待心理。

"这个系统简便、现实,而且易于实施。如果能按照这个做的话,肯定对大家的业务会有所帮助的。"

"如果接受并实施我的提案,从下个季度开始利润率肯定会提高。你会放弃给公司带来巨大利润的机会吗?"

"安慰剂消费"这一新词也随之诞生了。该词与"心价比"相似。心价比指的是一种即使贵一些也能得到心灵的安慰和安定的消费。由此可见,现在我们非常渴望安慰剂效应。

"再加把劲。下个季度我们的团队一定会取得好成绩。"

"我有预感,你这次减肥真的会成功呢。"

是时候用一句能产生安慰剂效应的温暖的话,来发挥力量了。有时,信任和希望会改变结果。

## 蔡格尼克效应：引起对方关注的欲擒故纵话术

"越重要的话越不要一次性说完！"

"我要做一个演讲，怎样才能提高观众的注意力？"

"我要讲连续两个小时的课，担心学生们会觉得无聊。"

在很多人面前演讲或讲课的人总是向我咨询上述内容。他们因为知道我的课程评分是满分，并且接到了很多返场课程邀请，所以经常会向我询问秘诀。

在众人面前讲话的人，尤其要注意观众的注意力和参与度。如果观众缺乏注意力或因为无聊而打哈欠，那么演讲的人想要达到传达好的话语、有益的信息的效果，也只能到此为止了。

所以我经常强调一点：

越是重要的话，越不要一次性说完。

要留有一定的余地，才不会让课程在结束之前失去吸引力。

你听说过蔡格尼克效应（Zeigarnik effect）吗？**蔡格尼克效应是指尚未完成的事情更加难以忘记的心理现象，也被称为"未完成效应"。**

1927年，心理学家布尔玛·蔡格尼克偶然发现了这一现象。她正要和朋友们在柏林的一家人满为患的餐厅点餐，一名服务员在没有做记录的情况下为客人点餐。看到这一情景，蔡格尼克心中产生了疑问：

"服务员怎么可能记住这么多客人点的餐？"

客人的数量很多，点餐总数多达几十种。一转眼就很容易忘记或搞混。但神奇的是，服务员竟然准确无误地上菜了。有什么秘诀吗？蔡格尼克心中产生了疑问，但很快服务员如何保持惊人记忆力的秘密就被揭开了。

当时，蔡格尼克恰巧把随身物品落在餐厅里，为了找东西又走进了餐厅。然后走过去对那个服务员说：

"我刚才坐在这桌，还记得我吗？"

然而令人惊讶的是，服务员回答说不记得了。秘密的钥匙就在这里。虽然服务员在接受点餐后直到上菜之前都会记得点餐的内容，但上菜后就会立刻忘记。反过来说，就是指在某件事完成之前，记忆是不容易被抹去的。

这一效果在电视剧中尤为有效。大多数电视剧在重要情节即将发生的时候会结束那一集，然后播放下一集的预告。在观众饶有兴致的时候中断了故事的进行，观众的心情会如何呢？答案显而易见，观众会因为好奇而感到焦急。当好奇的情节还没有结束就停了下来，观众们对电视剧的记忆将会持续很长时间。

说到重要的部分时不要一下子说完，中间停顿一下，故意诱导大家的好奇心。这种效果在讲课和演讲时的使用价值也很高。

"接下来要介绍大家期待部分了。啊，稍等一下。"

这样，人们就会眼睛一亮，耳朵竖起来认真听。

如果讲课时间很长，学生的反应很关键，那么，把这节课分成几段，在每个小结论出来的时候这样说吧：

"在我告诉你这部分的结论之前，请稍等一下。"

用"稍等一下"吊人胃口，人们会因为好奇而变得紧张，进而更加关注对方即将说的话。从今天开始，不要让听演讲和听课的人一口吃个胖子。准备好欲擒故纵了吗？

## 框架效应：用积极的话术诱导他人

"我们是第二名，再努把力就是第一了！"

宋朝有个养猴子的人。当他很难找到粟子时，他对猴子们这样说：

"从现在开始，我早上给你们三个粟子，晚上给你们四个。"

对此，猴子们表示反对。于是，这次他又说：

"那我早上给你们四个粟子，晚上给你们三个。"

然后猴子们高兴地点了点头。

这是很多人都知道的朝三暮四的成语的典故。养猴人只是改变了说话的顺序，猴子却接受了同样数量的粟子。

这种不合理的情况不仅仅出现在猴子身上，其实人也不例外。假设桌子上放着一个装了一半水的杯子。有的人消极地说

"就只有一半的水",而有的人却说"还有一半的水"。

对此,让我们来谈谈框架效应(Framing effect)吧。它指的是根据某一事件展现的框架不同,人们的决策和理解发生变化的现象。框架(Frame)在心理学上是指看待事物的思想框架。人的思想框架不同,对事物的理解和判断也不同。

框架效应由行为科学家阿莫斯·特沃斯基和心理学家丹尼尔·卡内曼于1981年提出。为了论证这一说法,两位学者在对参与者进行实验时这样说道:

"现在有600人感染了一种致命的疾病。请在以下A和B治疗方案中选择能救他们的治疗方案。"

然后向参与者对两种疗效相似的治疗方法做了不同的解释。

- "A治疗法可以让200人活下来。"
- "B治疗法有的概率33%的机会上600人全部活下来,有67%的概率全部死亡。"

结果,72%的参与者选择了A治疗法,仅有28%的参与者选择了B治疗法。这是因为人们更偏向于先展示出积极结果的治疗方法。因此，如果想要说服某人，先展示出积极的框架会更有效果。

假设我们是某公司的组长，推进项目需要得到高层同意。项目的成功率和失败率分别为60%和40%。即使是同样的内容，如果以积极的框架来说服，则可以得到更多的支持。所以我们没有必要先提及失败率。

"这个项目的成功率高达60%，所以就交给我吧。"

另外，如果想参加机构或团体的代表选举，但每次得票率都降至第二位怎么办呢？换成积极的框架，这样说比较好：

"我的得票率每次都排在第二位。所以我比任何人都清楚我需要什么样的能力才能获得第一名。为了得到第一名，需要倾听观众的意见，所以我会以迫切的心情，加倍努力地在现场的观众席奔波。"

美国汽车租赁公司AVIS以广告"我们是第二名，所以要更加努力！"撼动市场的事例也颇有名气。因此，同样的内容，以不同的框架来表达，其结果也会明显不同。

让我们用积极的框架，先提出好的话题和结果吧！如果想赢得对方的心，建议先用积极的框架来吸引对方。

## 面包香味效应：用气味打开人的心扉

▼
"为了今天的会议，我特意准备了面包。"

"组长太强势了，我很难自由地发表意见。"

"因为之前和他吵过架，所以不想和他打交道，怎样跟他沟通呢？"

无论在哪里，肯定会有合不来的人。这种令自己感到别扭又不自在的人，如果能永远避开就好了。但这并不容易。虽然我们试图以各种对话方法接近对方的心，但遗憾的是效果并不好。

在这种情况下，最需要的就是非语言的沟通方法。当你再怎么努力也无法拉近与对方的距离时，光靠说话是不行的。想要接近异性更是如此。这时可以试试用气味来动摇对方。

气味是决定我们对异性产生感觉和记忆的重要因素。你是否有过这样的经历——每当想起某个异性时,就会想起特定的气味,被这种气味深深吸引。

当人际关系别扭的时候也可以通过气味或香气来改善关系,例如利用烤面包的香味。**面包香味效应(Delicious Bread Smell Effect)指的是烤面包的香味能诱导陌生人做出更积极、亲切和利他行为的心理现象。**

法国西布列塔尼大学的研究人员进行了一项关于面包的香味对人会产生怎样的影响的实验。有一半的实验参与者在散发着面包香味的面包店前,而另一半的实验参与者在职业装服装店前。

实验的内容是,参与者假装翻包,把包里的饰品、手套或化妆品弄掉,然后表现得好像没有注意到一样。

参与者在两个地点根据指示行动,研究人员观察行人是帮助他们还是无视他们。

该实验重复了400多次,最终得出了一个有趣的结果。在散发着美味面包味道的面包店前,77%的行人会帮忙捡起掉落的东西;而在服装店前,只有52%的人会帮忙。研究人员以该实验为基础得出了这样的结论:香味是诱发利他行为的强有力的因素。

"我们的嗅觉受体和与感情密切相关的大脑边缘系统直接联系在一起。所以气味有助于记忆的形成和保存。因为大多数人都有过饱食的经验，当他们闻到美味的味道时，就会想起那段记忆。所以面包的香味会诱发积极的情绪和友善的行为。"

面包香味效应已经在市场营销中被积极运用。想必大家在百货商店、西餐厅、书店、服装店等地，都闻到过令人心情舒畅的香气。这被称为"香水营销"，有很多店铺经常利用这种方法增加销售额。

那么，我们应该如何利用这种效应呢？利用这种方式改善与高压型组长的关系不失为一个好方法。偶尔买些香喷喷的面包放在茶水室或组长座位附近，还可以在不是很正式的会议时间，准备一些新鲜出炉的面包和饼干。因为面包的香味可以营造出柔和的会议氛围，有助于缓解组长的高压态度。然后，自然地补充一句这样的话：

"组长，最近您辛苦了。我为了增加下一季度的销售额准备了一个新的计划，您能帮我看一下吗？"

面对争吵过的人也可以运用这样的方法。如果因为心情不好而一直以生硬的姿态对待，到头来不舒服的还是自己。先将散发香味的面包放在桌子上,再尝试对话吧!或者在面包店见面也不错。这样当我们把气氛缓和下来之后,再打开对话之门。

"把上次发生的事情说开吧。我们有很多事情要合作,让我们抛开不好的情绪,试着找出互相帮助的方法吧。"

## 斯托克代尔悖论：基于现实的合理的乐观主义

▼

"困难会持续存在，但最终你会成功的。"

"如果积极的话，会成功的！"

"梦想会如我所愿实现的！"

"坚定的信念创造奇迹。"

这是多么动听的话语？人们在成长的经历中，这些话成了他们的精神力量。但是大多数人会认为这样的口号非常不现实，因为他们的亲身经历验证了这种话带来的荒谬。

在就业时，连面试都没机会尝试就经历绝望的年轻人；早早被迫名誉退职[①]的中年人；勤勤恳恳一辈子也很难买房子的老

---

① 名誉退职：韩国一些企业为了创造最大价值，而劝退未到退休年龄的中高龄员工，美其名曰"名誉退职"。

年人。所以人们早已放弃了"有梦必成"式的空虚的成功学。

上班族经常这样抱怨：

"再怎么努力，生活也没有变得更好。挣钱挣得不痛快，随时有可能被公司炒鱿鱼，结婚已经是我做梦都不敢想的事。"

年轻人这样诉苦：

"我们从一开始就连机会都没有，还能有未来吗？我们是被抛弃的一代。"

中年人也一样：

"我还不到50岁就被公司名誉退职了。从公寓贷款，到孩子们的学费，还有很多要花钱的地方……现在连自己做个小生意的条件都没有，真是前途渺茫。"

对他们来说真的没有希望了吗？成功、梦想、愿景是无法实现的虚无缥缈的事情吗？当然不是。但是很明显，对于身处困境的人来说，盲目地鼓吹成功的乐观主义对他们并没有帮助。

对于他们来说，斯托克代尔悖论（Stockdale paradox）是非常必要的。斯托克代尔悖论是指，直视并承认悲观的现实，但同时相信克服这种现实可以在未来取得好的结果的"合理的乐观主义"。

这是管理学家吉姆·柯林斯的《从优秀到卓越》一书中

提到的术语。这本书介绍了与吉姆·柯林斯和美国军官詹姆斯·斯托克代尔的对话。在越南战争期间，斯托克代尔和战友被越南军队俘虏，虽然许多同僚在监狱里死去，但他最终活了下来，回到了自己的祖国。

吉姆·柯林斯问斯托克代尔：

"没能活下来的军人们是谁？"

斯托克代尔的回答让人感到意外：

"他们是过于乐观的人。"

吉姆·柯林斯无法理解斯托克代尔的回答。也许你也会有这样的疑问。如果是令人绝望的状况，那不正是乐观主义发挥作用的时候吗？但乐观的人没能存活下来是有原因的。

过于乐观的军人们抱着在圣诞节之前会被释放的期望。但是残酷的现实背叛了这种期望，直到下一个圣诞节过去他们也没能被释放。这种满怀期望、希望破灭的事情反复发生，使军人们丧失信心，逐渐失去了生存的意志。因为他们的期望更大，所以绝望也更大。最终，失去希望的军人们也失去了生命。斯托克代尔却与他们不同，他讲述了自己活下来的秘诀：

"我已经做好了在圣诞节之前不被释放的心理准备。陷入乐观主义而回避现实和坚持乐观主义直面现实完全是两回事。"

如果你是处于危机中的企业领导，与其提出不切实际的美好愿景，不如这样说吧：

"预计今后将面临许多困难。虽然要克服这些困难并不容易，但我们必须直面现实，为了生存全力以赴。"

如果你是推进一个艰难项目的组长，不要对组员说"我们一定能成功"的空口号，而应该说：

"这次项目成功的可能性不大，这就是残酷的现实。让我们竭尽全力，一起努力吧。"

如果你是待业孩子的父母，不要盲目地乐观或否定孩子，可以这样安慰他们：

"任何人都会经历失败，所以不要太气馁。从现在开始，如果你认真、踏实地弥补自己不足的地方，以后机会来了，你也会成功的，不是吗？"

盲目的希望和乐观是空虚的，但脚踏实地的乐观会化作力量。如果想做梦，就从现在所处的状况开始自查，并夯实自己的能力吧，哪怕这个现状并不乐观。

- 犯错误效应
- 罗密欧与朱丽叶效应
- 社会认同理论
- 对比效应
- 舌尖现象
- 既视感现象
- 智性恋

# 第四章

# 让异性缘变好的话术

## 犯错误效应：让缺点成为魅力的话术

▼
"为什么过于完美的人没人喜欢？"

"为什么很多女性对我没有好感呢？"

一位35岁左右的男性前来咨询。他身高超过180厘米，外貌英俊，是人们所说的"暖男"。而且，他毕业于海外名牌大学，在金融公司上班，具备很多女性喜欢的条件，却没有女生喜欢，问题到底出在哪里呢？

"你和别人的关系经常出现问题吗？"

"完全没有。我曾经担任过学生会会长，很有领导才能，善于领导别人。"

"那么……你的性格挑剔或者敏感吗？"

"不，我经常听到别人说我性格好。"

真是奇怪。经过一个多小时的交谈，可以看出他的口才也不一般。他能自信地与我对视,适当地配合肢体动作,有条不紊地讲话。有那么一瞬间我甚至觉得他在各方面都是完美的。他似乎每件事都追求完美,无论是学习、运动还是交流。他看起来像是在所有方面都做得非常完美才会满足的类型。

然后,我意识到这就是问题所在——他太完美了。人们很难和过于完美的人相处。**比起完美的人,人们更喜欢有一点儿缺点的人。这可以用犯错误效应(Pratfall Effect)来解释,即冷漠或难以接近的人的失误反而会使人产生好感、增加魅力。**

美国心理学家埃里奥特·阿伦森做了一项有趣的实验。他先采访了A和B两名参与者,并将采访内容录了下来。

在采访中,A表现得完美无误;而B出现了打翻咖啡的失误。

接着,他将采访和录像内容播放给参与者看,并在播放后让A和B两名参与者当着其他参与者的面进行一场问答秀,目的是确认其他参与者对谁更有好感。

当犯了打翻咖啡失误的参与者B答对问题时,其他参与者们会给予更热烈的掌声和助威。

伦森的研究实验结果如下:

人的缺点或失误可能会成为魅力要素。所以一个没有缺点或失误、过于完美的人，反而看起来不那么有魅力。

但这并不是说只有失误多才能提高好感。在具备一定程度的完美形象下，稍微表现出一些缺点或失误，便能发挥出一定的魅力。

那么，以下四种类型中谁获得的好感度最高呢？

- A：完美但会失误的人
- B：完美无瑕的人
- C：平凡但会失误的人
- D：平凡无奇的人

其中获得好感度最高的人是A。有时候缺点和失误反而会成为魅力。但这句话不适用于每件事都疏忽大意、经常失误的人。

谁都想在心仪的异性面前展现完美的一面。因为只有这样才能击败竞争者。但是完美无瑕的人反而会让对方感到窒息。如果真想在异性面前展现自己的魅力，那么偶尔也要故意露出些缺点。把自己失误的事情说出来一些也是一种方法。

"之前我也出过类似的失误。"

"天啊,你看起来不是那样的人,也会犯那样的失误啊。"

"当然。我有时也会马虎的。"

这就是完美的人身上闪现出充满感性美的模样。

只有留给对方一点儿空间,才会变得更亲近。平时在保持完美的同时,也可以准备几句表现自己失误的话术。

## 罗密欧与朱丽叶效应：受阻碍的爱情反而更牢靠

"虽然别人不看好我们，但你是最重要的。"

你渴望那种可以为对方放弃一切的爱情吗？但是，在电视剧或电影中经常出现的凄美爱情，很难在现实生活中出现。为什么会这样呢？

大多数人可能都经历过很多次爱情。我们之所以不能拥有火花般的爱情，很大一部分原因是我们太容易遇到相爱的人了。如果想和刚刚开始萌生爱情的异性谈一场炽热的恋爱，该怎么办才好呢？

你听说过罗密欧与朱丽叶效应（Romeo&Juliet Effect）吗？心理学家德斯考尔在美国科罗拉多大学与同事一起研究影响"爱的强度"的因素时，揭示了在父母或周围的人强烈反对的情况下，爱的感情反而会变得更强烈。也就是说，父母的反对越强烈，两个人的爱情就越牢靠。

**男女之间的爱情具有在遇到障碍或周围的反对时，反而会更加牢靠的特性，这就是罗密欧与朱丽叶效应。**这在社会心理学家鲁宾的爱情量表研究中得到了证实。他的研究表明，周围有人反对的情侣比没有人反对的情侣在爱情量表测试中的得分更高。

还有更多有趣的心理实验。一位心理学家给学生们分发了10幅画，让他们按自己喜欢的顺序排列，然后说要将其中的一幅画赠予他们。过了一会儿，学生们把画都排好了顺序，心理学家说：

"即使你选择了排序第三的画，你也无法拥有它。"

他让学生们重新排序，依旧说要将其中的一幅画赠与他们。然后发现第一次排在第三的画在这次明显地排在了前面。排序第三的画因为无法拥有而变得更喜欢了。

心理学解释说，产生这种现象的原因是由于自由意志被剥夺而产生了反抗心理。也就是说，人们具有可以选择什么或可以不选择什么的自由意志，如果被剥夺自由意志，就会产生反抗心理。

在实际恋爱中适当地运用罗密欧与朱丽叶效应会对二人的

关系有所帮助。比如，虽然确认了彼此的爱意，但不知为何对方的心没有熊熊燃烧的时候，就可以使用。如果和异性的交往没有紧张感，两人的关系似乎疏远了，那么可以这样说：

"我有很多朋友不看好我们，但是不要紧，对我来说你是最重要的。"

"虽然我父母不是很赞同咱俩在一起，但我觉得你是世界上最好的。"

过于一帆风顺的爱情容易陷入枯燥无味的状态。要记住，有时候一个让人感到紧张的阻碍，或者一些琐碎的小矛盾会让二人的关系更加紧密。

## 社会认同理论：因多数人的选择而支持自己

▼
"有很多人喜欢我，但是……？"

"跟心仪的女生说想要与她交往的时候应该怎么说呢？我的工作和外貌都让人羡慕，经济实力也不错。但每次表白的结果都不是很好。"

一位男性在相亲中遇到了心仪女性，遇到了上面的苦恼，于是来找我进行咨询。在短暂的交谈中，我觉得他是一个很喜欢自吹自擂的人，没完没了地说些自己很了不起的话。遗憾的是，绝大多数女性不会喜欢过分自我炫耀的人。

因此，在向喜欢的女性表白时，与其自吹自擂，不如拿出证据证明自己的魅力。让我们来看下面两个例子吧：

- A:"我毕业于外国名牌S大学,目前就职于G公司。年薪很高,马上就要升职了。请和我交往吧。"
- B:"最近突然收到了很多女性的表白短信还有在社交媒体上联系我的,但是我只想和你交往。"

乍一看,很难判断A和B哪一个更有效果。但是根据社会认同理论(The Law of Social Proof)来看,B更有效果。通过罗伯特·西奥迪尼的《说服的心理学》一书中可以了解,**社会认同理论指的是采用多数人的选择作为支持自己想法和行动的根据。**

在如今这种追求独特的时代,这种遵循多数人选择的理论真的行得通吗?虽然有人可能对此表示怀疑,但可以证明这一点的真实事例有很多。

以街头乞讨的乞丐为例。空篮子和盛着几个硬币的篮子,哪一个会得到更多的施舍呢?当然是后者。路人看到篮子里的硬币,觉得有人行善在先,自己也会不知不觉地跟着做。

综艺节目也是如此。看综艺节目时,经常能听到事先录制好的笑声用作背景音,作为表现节目有趣的证据,这样观众也会觉得节目很有趣,跟着一起笑。

再看看募集捐款的电视节目吧。很难看到主持人面红耳赤地呼吁捐款，他们会用更有说服力的话式：

"有这么多人捐款。某企业J会长、某区厅长和员工们、某地区妈妈会、某小学学生们……"

这样，收看节目的观众就会知道大多数人都捐款了，然后产生自己也要参与其中的想法，并自然而然地加入到捐赠者的行列中。

如果喜欢对方，想被对方选中的话，就不要浪费时间去炫耀自己。相反，暗示有其他异性正在选择自己的做法比较有效。这样的话对方会有这样的反应：

"再怎么有能力，如果是花花公子肯定是不行的。但是这个男人不仅看起来很有能力，也很真诚。如果有很多女人对他有意思，肯定是有原因的。跟随她们的判断应该不会错。"

当然，如果女性根据社会认同理论和男性交谈，也会有同样效果。假设女性想要展现自己的外在魅力。与其说"我是×选美大赛出身的。长得很像艺人K吧？"不如这样说："有人问我是不是选美大赛出身，也有人跟我搭讪，说我长得很像艺人K，这些情况经常让我不知所措。"

自吹自擂的人大多不受欢迎。不论男女，没有人喜欢自以为是的人。但是以多数人的选择作为证据，证明自己是个相当不错的人，是很有效的。因为人们有接受他人喜欢或者认可的东西的心理。

## 对比效应：利用比较，让对方开心的话术

▼
"请给我这里最贵的。"

"我不知道你喜欢什么，费了些心思选才出来的。"

"怎么样？喜欢我为你准备的惊喜吗？"

恋人之间会有礼物来往，会为对方准备惊喜。因为这样不仅能向对方表达自己的心意，感动对方，也能让彼此的关系更加牢固。

问题在于你能否一直给对方提供最满意的礼物和惊喜。在恋爱初期，会试图为所爱的人做任何事，甚至想要为对方摘下天上的星星。但是过了热恋时期，现实问题就会接踵而来。

那么，应该在哪里寻找解决方法呢？这时候，让我们利用一下对比效应（Contrast Effect）吧。所谓对比效应就是指虽然价值相同，但是可以根据比较而感觉到不同差异的错觉。为了

帮助理解，举一个实验为例：

右手放在常温下，左手放在冰水里。保持这个状态20秒后，将右手和左手同时放入温水中。双手会有什么感觉？

正如想象的那样，右手会感到温，而左手会感到热。这是因为原本在冰水里的左手感觉比温水的实际温度要热的对比效应。

这种效应在集体面试中表现得很明显。如果一起面试的人非常优秀，那么旁边的人就会得到低于实际水平的评价。在团体相亲时，不愿意坐在比自己长得好看的朋友身边也是出于这样的原因。

对比效应也被充分利用于销售中。假设顾客去逛手提包店，顾客计划的是如果有打折商品就买，如果没有打折的商品就直接出来。但实际上，有一种能让顾客进行消费的销售策略。

"这位顾客，您看到中间那个手提包了吗？它的价格是800万韩元。但是不要太担心，它旁边的手提包是200万韩元。很便宜吧？"

通过与高价手提包的价格进行比较，可以使想要出售的手提包的价格显得便宜。在这种情况下，顾客甚至可能不会再考虑是否有折扣。

想给女朋友送礼物，但手头不宽裕的时候也可以利用对比效应。首先，物色一家相对比较平价的店。但是，店铺的外观要好看。然后牵着女朋友的手把她带到那里，这样对售货员说：

"这里最贵的是什么？今天是特别的日子，我要送给女朋友一份礼物。所以请帮我挑最好的吧。"

这样，售货员就会推荐店里最贵的商品。这时女朋友看了看别的商品上的价格标签，便会露出满意的表情。

想给男朋友送情侣戒指，但经济状况不好的女性也可以如此。首先，可以用银戒指代替金戒指。然后，物色以银戒指为主打商品的店铺，并在其中最大限度地挑选外观高档的店铺。在和男朋友一起去时，这样对售货员说：

"请给我这里最贵的。"

这样，男朋友会比较其他情侣戒指的价格，也会露出非常开心的表情。

## 舌尖现象：化解笨嘴拙舌尴尬的话术

▼
"我很紧张是因为喜欢你。"

"怎么办？只要站在他面前，我就会全身僵硬。"

"我有了喜欢的人，但是没能跟他搭过一次话。"

坠入爱河的年轻人常常会吐露这样的苦恼，不知道该如何与喜欢的人开启对话，所以来向我请求帮助。在爱的人面前紧张、心跳加速是很自然的事。虽然那种悸动也是爱一个人必须经历的过程，但是有些人的情况尤为严重。

他们只要站在爱的人面前，嘴就像被粘起来一样，一句话都说不出口。不知道说什么好，脑海像白纸一样，想不出词语。如果这样，不仅很难与对方进行良好的沟通，而且稍有不慎就会被误会。

"怎么回事？你是在无视我吗？为什么每次都不说话？"

"不知道是话少还是口齿不清，真郁闷……"

事实上，在喜欢的异性面前说不出话是因为紧张而产生的心理现象。**因为紧张，话在舌尖上转来转去，说不出口的现象被称为舌尖现象（Tip-of-the-Tongue Phenomenon）。**

布朗教授和麦克尼尔教授对此做了一个有趣的实验。他们向参与者提供了一些生僻的单词，并让他们背诵。然后过了一段时间，他们测试了参与者的记忆力。

"请说出这个单词的意思。"

"请回答出意思是×××的单词。"

参与者惊慌失措。乍一看，大部分参与者似乎没有完全记住单词的意思。但事实并非如此。参与者在得到简单的提示后脱口而出：

"这个单词的意思和人有关。"

"第一个字母是L。"

其实，他们大概记住了单词的意思和拼写，只是在提取记忆时遇到了障碍。在布朗教授和麦克尼尔教授给出简单的提示后，参与者马上就想起了单词的意思。基于这个实验，布朗教授和麦克尼尔教授得出了这样的结论：

"实际上，记住信息和知道自己记住的信息是两回事。所以记不起来并不代表脑子里的信息完全消失了。"

舌尖现象不仅是在喜欢的异性面前，在面试、演讲、重要会议时也经常发生。无法将储存在脑海中的信息说出口，最大原因是由于紧张所造成的压抑心理。适度的紧张虽然有助于进行有爆发力的演讲，但是紧张过度，就会导致口齿不清或无法正常沟通。

回到恋爱的话题。不太会谈恋爱的人的特征之一，就是只要站在自己喜欢的异性面前，就会变得笨嘴拙舌。他们的问题该如何解决呢？

首先要承认自己在所爱的人面前紧张的事实。要自然地接受这种现象，不要害怕让对方看到。

"啊，所以……对不起。我有点紧张。"

"这种场合我是第一次……我的口才不是很好。"

像这样表明自己的状态，对方会有什么反应呢？大部分人都会包容对方。当看到眼前的异性紧张的样子时，你会情不自禁地注意对方的感受，尤其是初次见面的场合。

"难道这个人因为我才紧张吗？""他是因为喜欢我才这样的吗？"产生这样的心情后，会更有好感，会觉得对方是真心的。如果能够认知到自己的心动和紧张，用温柔的告白开启对话，那么将会得到好的结果。

## 既视感现象：不会令人反感的套近乎话术

▼
"我们是不是在上周的研讨会上见过？"

"我们之前见过吧？"

"嗯，很眼熟。好像在哪里见过面。"

如果对初次见面的异性这么说，是不是觉得很刻意？但出乎意料的是，这句话的效果很好。

关于异性交往的秘诀和对话方法有很多，但最能让初次见面的异性产生好感的一句话就是："我们是不是之前见过？"。实际上是否见过对方并不重要。

这句话可以刺激人们产生经常经历的既视感（Déjà-vu），即虽然是初次经历，但似乎曾经见过或经历过的现象。对这种既视感进行学术定义的人是法国医学家弗朗伦斯·阿尔诺。之后，心理学家艾米尔·波拉克首次使用了现在的"Déjà-vu"

一词。

　　既视感现象可以从两方面来解释。一种是从记忆的角度解释这一现象。人类在经历某件事情时，并不是所有的细节都记得，而是依靠记住部分特征来记住整体的感觉。因此，有时即使是第一次经历的事情，但其可能与之前储存在脑海中的某些记忆相似，大脑省去了用过去的经验和记忆与现在的相对比，就出现了即使是第一次经历的事情，也会产生仿佛以前经历过的错觉。

　　另一种是从眼睛结构的角度解释该现象。一般人的双眼大约相距6厘米。因此，如果把头转向某个方向看东西，输入左眼和右眼的视觉信息会产生时间差。这时，如果时间差大于0.025秒，就会产生似曾相识的错觉。

　　实际上，很多人都经历过这种现象。即使是第一次去的某个地方，会莫名的有之前来过的感觉；第一次经历的事情，也会莫名地感觉好像有过类似的经历；第一次见到某个人，仿佛在哪里见过。

　　心理学家一贯主张，既视感现象和前世没有任何关系。但很多人有将这种现象与前世联系起来的倾向。最具代表性的，就是被爱情蒙蔽双眼的恋人们，为了强调相遇的必然性，经常提起"前世"。

"我们的相遇好像是前世修来的缘分。"

其理由是因为想要赋予爱情"必然性"的意义。实际上,这样做也确实激起了更强烈的爱情,让人感觉这段感情就像是无法割舍的命运一样,更加深陷其中。

所以,如果你想要牢牢抓住你喜欢的异性的心,那么就可以利用既视感现象。听到这句话的对方可能会认为你们的相识是前世的必然。

"我们以前是不是见过?"

"今天应该是初次见面。"

"你上周四不是来参加研讨会了吗?"

"没有啊。"

"哦,对不起。我有种熟悉的感觉……就像在哪里见过你一样。"

语气不要太肉麻,需要像回忆一样自然地向对方说出这样的话,这也许会成为一条捷径,它能帮你找到你一直苦苦寻找的姻缘。

## 智性恋：用充满智慧的对话吸引对方

"不留痕迹地表现自己不凡的博学和教养"

为了吸引异性，很多人都注重管理身材，并在脸上花费不少心思。但是智慧有超越外貌的力量。也就是说，为了吸引异性的心，只靠练胸肌或蜜桃臀是不够的。

如今，称赞身材之美已经过时了。想从异性那里得到的最高赞美的方式也正在发生变化。

"你怎么这么聪明？"

有人说："追求智慧的性感只是说说而已，人们的内心依然重视异性的身材是否性感，并被其吸引。"真的是这样吗？如果问："大脑和性感没有关系吗？"答案是"有关系"。你听说过智性恋（Sapiosexual）吗？是指从对方的智慧中感受到性魅力或引起性兴奋的现象。

《纽约时报》有一篇报道：有一个人，拍摄了在纽约各处读书的男子的照片，然后把这些照片上传到社交平台，并编成书和日历出版，受到了很多人的喜爱。这证明了"读书的男人很性感"的广告文案在现实生活中也行得通。

　　以西澳大学的吉尼亚克教授为首的研究小组，对383名18到35岁的成年男女进行了问卷调查。问卷询问了他们重视恋人哪些特性，在哪些方面感受到了魅力。结果，大多数参与者都希望对方有智慧。特别是18到35岁人群中有一部分（1%到8%）人被发现是因对方的高智商而产生兴趣的智性恋。

　　你知道如何向异性展现自己的魅力吗？虽然展示自己的好身材是不错的方式，但也可以尝试以智慧的形象散发魅力，如把约会地点定在书店是个不错的选择。

　　当然，现实中也要努力提高自己的知识水平。就像在健身房花时间锻炼身体一样，培养大脑也需要不断地投入时间。读书是最基本的，自己独立思考的时间也应增加一些。此外，关注世界上发生的事情、寻找优质的文化信息、参加演讲会和书友会等会有所帮助。

　　当你和你喜欢的异性约会时，试试这样对话吧：

　　"你看过《寻梦环游记》吗？我很喜欢弗里达·卡罗，她是墨西哥国宝级艺术家……"

"虽然拌饭没什么特别的，但是很好吃。它的由来很多说法，你知道吗？"

"最近天气很好，所以经常吃完午饭后去散步。我上班的公司后面就是汉阳都城。在建造汉阳都城时……"

不必显摆知识或者吹嘘自己的经历。重要的是用不凡的知识素材，愉快地引导对话，而且要放轻松。相反，如果装腔作势或者试图教导，有可能会引起反感。因此，只要在对话中毫无痕迹地表现自己不凡的博学和教养，便可以吸引对方的关注。

- 象征效应
- 锚定效应
- 狄德罗效应
- 乐队花车效应
- 热手效应
- 古德曼定律
- 心理感应抗拒理论

# 第五章

## 让顾客打开钱包的话术

## 象征效应：让顾客购买名牌产品的话术

"这个是金南珠使用的同款产品"

"在售卖高价商品时，怎么推销好呢？"

"在宣传比较贵的商品时，有什么能够特别吸引顾客的话语吗？"

这是高价商品购物主持人找我进行咨询时问得最多的问题。我多年来一直在向购物主持人讲授如何让消费者产生好感的话术。他们最感兴趣的话题永远是"怎么说才能多卖出高价商品"。

我的回答：

"人们有提高身份的欲望，这种欲望可以通过购买名牌商品达到部分满足。因此，在销售高价商品时，提及使用该产品的名人会更有效。比如，提及人气正旺的电视剧里金南珠穿过的衣服。顾客可以通过购买该产品,将金南珠智慧、高贵的形象和自己等同起来,获得满足。"

出演《孝利家民宿2》的林允儿成为带货女王也是因为这个原因。她以民宿兼职生的身份出演,自然地在节目中展示了卫衣、白色长款羽绒服、华夫饼机。该剧播出之后这些产品就变得非常受欢迎,到了供不应求的程度。

是因为观众们有生以来第一次见到卫衣、白色长款羽绒服、华夫饼机吗?当然不是。虽然这些都是早就熟知的物品,但以前并没有什么特别的想法,在看到林允儿使用之后,便重新产生了兴趣。

**这就是"象征效应"(Panoplie Effect)。指的是如果购买特定产品,就认为自己会成为使用该产品群体中的一员的心理。** 20世纪80年代,法国社会学家让·鲍德里亚在《消费社会》一书中指出,第二次世界大战以后,世界从以生产为中心的社会转变为以消费为中心的社会,并首次提出了"象征"这一概念。

他说:"消费者在购买商品时,会反映出他们的理想自我。所以消费者通过购买名牌,就把自己和高收入群体等同起来。"

凡勃伦效应(Veblen Effect)与象征效应类似。这是以美国社会学者凡勃伦的名字命名的,指的是高收入群体为了炫耀而消费的行为。凡勃伦在市场经济中发现了一个奇怪的现象。普遍的经济规律是价格越高,需求就越少。但对于高收入群体来说,高价反而会刺激需求。他们为了凸显自己不一样的地位,会购买很多的高价产品。

因此,如果想出售高价产品,刺激消费者的这种心理是最有效的。让我们想象一下,如果百货商店名牌卖场的员工这样说:

"最近某电视剧不是正在热播吗?剧中的主演申惠善使用过这款产品,所以质量是有保障的。"

这样一来,顾客就会想起电视剧中的申惠善,然后将自己映射到这一形象上,便会爽快地表示出购买意向。

销售金融产品的理财师也是如此。他们在与有财力的人打交道,销售高额的金融产品时,不必急于给顾客提高百分之几的利率或发放红利,因为以这种方式很难打动顾客的心。不如这样说:

"因为价格昂贵,所以我不会随便向人推荐的。江南区的医生、律师、会计师等专业人士签约该商品的特别多。最近电视上很火的K整形外科院长、M律师、E会计师也在不久前签约了该商品。"

如果卖的是高价产品,面对财力雄厚的顾客,就不要以减价来吸引顾客。也不需要对产品的品质进行啰嗦的说明。只要稍微触动一下顾客想要提高身份的欲望就可以了。

## 锚定效应：先抛出高定价，再用低折扣吸引顾客的话术

▼

"上周的售价还是130万韩元，从今天开始……"

市场上有两个卖菜的小贩。一位小贩在广告牌上写着正常价格"1万韩元"来招揽顾客。另一位小贩在广告牌上写下"1.2万韩元"，然后在上面画了一个叉，并在旁边写"1万韩元"。两个人当中谁的生意更好呢？肯定是后者。

消费者更偏爱在高价上画叉，并在旁边写上折扣价的商品。他们一边购买着暂时不需要的商品，一边说：

"今天捡漏了！"

"用这么便宜的价格买到了它，我的运气真好。"

像这样先故意写下高价格后，再低于这个价格出售，让顾

客产生以低廉价格购买的错觉,这是常见的营销手法。实际上并没有打折,而是人们误以为打折了。

由于经常使用,虽然现在大部分人都知道假折扣是一种销售手段。但令人惊讶的是,这种销售手段仍然有效。为什么会这样呢?

这是因为所谓的"锚定效应"(Anchoring effect)。这是由心理学家丹尼尔·卡内曼和行为科学家阿莫斯·特沃斯基提出的概念。锚定原本指的是船为了停泊而沉锚时,船只能在锚和船连接的绳索范围内移动。基于此,锚定效应指的是,首先呈现的数字或事物成为标准后,在判断上出现歪曲的现象。也被称为"沉锚效应"或"停泊效应"。

卡内曼和特沃斯基进行了一项有趣的实验。把参与者聚集起来,让他们估算非洲国家占联合国席位的比例。

当然参与者并不知道正确答案,只能根据随机数字来估算。他们转动面前的转盘,指针随意指向一个数字,研究人员提示这个数字是大了还是小了,让参与者根据提示来估出另外一个数字。试验发现,最终估算的数字受到转盘随机给出的原始数值的影响,会锚定在数字的一定范围内。

行为经济学家克里斯托弗的一项实验也证明了这一点。他召集参与者后，让他们将各自的电话号码后三位写在白纸上。然后向参与者提出了这样的问题：

"请回答罗马灭亡的时间。"

于是，参与者无一例外地给出了和自己的电话号码后三位的数字作为正确答案。从这里也可以看出，先接触的数字会成为标准，对参与者的判断产生影响。

由此看来，在销售商品或进行价格谈判时，利用锚定效应可以得到很大的帮助。如果百货商店计划以100万韩元销售新款电视机，直接标写售价是很天真的行为。可以先写下高于售价的130万韩元，然后画上叉号并在其旁边写上100万韩元。再对顾客这样说：

"这位顾客，到上周为止，这款电视机还是以130万韩元的价格出售，从今天开始降价30万韩元，以100万韩元的价格出售。如果错过这次打折机会，您一定会后悔的。"

假设你是一家广告公司的员工，你在和广告主协商订单的金额。如果原来广告制作的费用为五千万韩元的话，那么谈判时就可以这样说：

"原本广告的总制作费用是8000万韩元。但是最近经济不景气,企业的情况也不好,所以我们勒紧腰带,我们决定以5000万韩元的价格为您制作。"

锚定效应不仅在市场营销上使用,在日常生活中也经常用到。只要适当地利用锚定效应,就能让对方痛快地打开钱包。

## 狄德罗效应：让客人继续购买商品的话术

▼
"如果再戴上墨镜，就更帅了！"

•A店老板说："顾客来的时候，一般只买一种产品。因为家具本身价格高昂，顾客不会轻易多买一件。所以销售额总是原地踏步。"

•B店老板说："我们店里的漂亮衣服那么多，不知道为什么卖得好的总是畅销的那几款。有没有办法可以引导顾客一起购买别的衣服呢？"

销售额上不去是做生意的人经常苦恼的问题。A店的老板卖家具，虽然主打商品卖得很好，但销售额却停滞不前。B店老板经营一家服装店，由于只有几款服装好卖，所以销售额也上不去。在这种状态持续的情况下，如果出现竞争店铺，销售额肯定会下降。

那么应该采取什么对策呢？如何向顾客推销其他产品，增加销售额呢？这时最好的方法是向顾客介绍与已购商品相匹配的商品。因为与先购买的商品完全不能搭配的商品相比，容易搭配的、使用率高的商品更能引起顾客的购买欲望。

**这种心理可以用"狄德罗效应"（Diderot Effect）来解释，指的是人们在购买了一件物品后，想要继续购买与之搭配的物品。**这是文化人类学家格兰特·麦克拉肯在《文化与消费》一书中首次使用的术语，它是以18世纪的哲学家"狄德罗"的名字命名的。

狄德罗在《与旧睡袍别离之后的烦恼》随笔中介绍了一个关于睡袍的轶事。有一天，狄德罗收到了朋友送的红色家居服礼物，然后他扔掉了一直穿的旧睡袍。但是穿着新的家居服在书房里生活时，发现书桌和新睡袍不搭配。所以换了新的书桌。但当他把新书桌放进去时，发现书架、壁挂和钟表都和新书桌不太搭。最终他把书房里的一切都换成了新的。

从这个故事中可以看出，一个物品的消费促使了之后的连续消费。受到这个故事的启发，格兰特·麦克拉肯创造了叫作

"狄德罗效应"的概念和术语。

他是这样说的:"狄德罗为了物品的统一性而连续消费。这种情况在消费者购买汽车、家具和服装时很容易发生。"

但是这里有需要注意的地方。那就是人们并不是看重产品的功能性,而是优先考虑情绪和文化方面的统一性,并继续购买商品。例如,如果一个人购买了新自行车,他不是继续购买自行车修理工具或柔软的坐垫,而是为了时尚的统一性,追加购买与自行车相配的衣服、鞋、墨镜等。

假设你是卖家具的老板。如果顾客买了白色衣柜,为了使"狄德罗效应"最大化,可以这么说:

"您可以看一下这个白色梳妆台,这款和刚才您购买的白色衣柜非常相配,把手装饰也是同一系列的,摆放在一起非常搭配。"

这时,顾客开始在意家里的樱桃色旧梳妆台。即使是在脑海中大致想象一下,也觉得和白色衣柜特别不搭。不知不觉间,顾客就会一边想象着白色衣柜和白色梳妆台一起并排放在房间里的样子,一边打开钱包。

如果是前面提到的服装店的老板,该怎么说呢?如果牛仔裤卖得好,那么可以把与牛仔裤很配的T恤、围巾、外衣套在塑胶模特上展示。如果顾客进到店里来要买牛仔裤的话，就把他带到模特前说：

"这里搭配了一些很适合这款牛仔裤的单品，一次性都购买的话，就不用担心不知该怎么搭配了。"

因为这句有魔力的话语，就会让顾客在买牛仔裤的同时购买T恤、围巾甚至小挎包。

"这两个产品搭配在一起会很漂亮的。"

面带微笑地提出这样的建议，能让顾客心甘情愿地享受消费。如果从事销售方面的工作，一定要学会利用狄德罗效应。

## 乐队花车效应：吸引顾客从众消费的话术

▼
"你看热搜了吗？听说最近为了买那个很多人在排队？"

蜂蜜黄油薯片、THE NORTH FACE长羽绒服……

你能想起什么呢？从消费层面来讲，他们的共同点是什么呢？是的，这些是曾经风靡一时的商品。蜂蜜黄油薯片因其超高的人气而出现断货现象，而THE NORTH FACE长羽绒服作为学生们的最爱品，又被称为"压垮父母的稻草"。

消费者为何如此渴望这些产品呢？是因为太好吃了？还是因为品质太优秀了？

当然都不是。以蜂蜜黄油薯片为例，消费者购买并不是因为它的味道有多好，而是因为很多人购买，所以自己也跟着购买。THE NORTH FACE长羽绒服的购买决定因素也是如此。

"能有多好吃啊，这么抢手，我也去尝尝。"

"别人都穿了，我有什么理由不穿呢？"

"我的朋友们都穿了那件衣服，只有我没有，感觉被排挤了。"

因为产品很流行，觉得如果不加入这个行列就会落后于别人，所以冲动购买的情况占大多数。

如此，让消费者打开钱包的决定性因素之一就是"流行"。它就像一股强大的龙卷风，一旦消费者卷入其中，就很难脱身。所以要想让消费者乖乖地打开钱包，就必须强调"流行"。

**这种因为跟随流行而进行消费商品的现象可以用"乐队花车效应"（Band Wagon Effect）来解释。被其他人的消费倾向所影响，也称为"从众效应"。**

对乐队花车效应进行学术论证的是经济学家哈维·莱宾斯坦，他在有关消费者需求理论的论文中是这样说的："一个人对特定商品的需求受别人的需求影响，这就是乐队花车效应。"

这个术语源于1848年的选举运动，著名的小丑赖斯在乘坐乐队马车时引起了人们的关注，他在率领队伍的马车上演奏乐器，吸引了人们的视线，这对他支持的候选人当选起到了很大的帮助。在这里，位于游行前列的乐队车辆叫做乐队花车

（Bandwagon）。以此为契机，许多政治家开始效仿这种方法，使得这一名词广为流传。

职业棒球的球迷也是如此。假设有一个棒球迷去看球，但场上没有自己特别关注的棒球队。当他想为一支棒球队加油时，就会受乐队花车效应影响，很有可能成为成绩领先的棒球队的球迷，并狂热地为他们加油。

无论净水器的上门推销员说产品的质量有多好，价格有多合理，想要说服顾客购买都会有一定的局限性。这时就需要拿出秘密武器了。推销时加上这样一段话：

"这位顾客，隔壁不是有个E公寓吗？那里每户都订购了一台。不知道有多受欢迎，都已经供不应求了。这款是最受欢迎的，说不定马上就要断货了，买一台试试吧。"

假如你新开了一家餐厅，正为餐厅的宣传而苦恼的话，此时利用"乐队花车效应"也很有效。如果店铺在胡同里，那么可以动员人力，让他们从店铺门口直到马路边排起长队，使过往的行人都能看见。这种时候甚至都不用吆喝广告。因为长长的队伍本身就能引发乐队花车效应。

## 热手效应：通过夸奖顾客幸运使其欣然消费的话术

▼

"您的运气真好，选到了最好的。"

假设你买彩票中了1万韩元的奖金。通常，你会因好心情而再次去买彩票。令人意外的是，你又中了1万韩元的奖金。此时你会有什么反应呢？

"哦，今天运气真好。说不定会赚到更大额的奖金。"

然后沉迷于自己的幸运，一直买彩票，最终失去的比获得的更多。你觉得只有少数人会这样吗？并非如此。对大多数人来说，都有一种相信在出现一次幸运后，就会越来越幸运的倾向。

因此，如果强调对方有运气，那么会使得对方充满动力，继续尝试他们正在做的事情。例如，有人不擅长踢足球，一射门就偏。但是有一天，他在小区足球联谊赛中偶然地进球了。这时周围的人对他说了这样的话：

"看来你很幸运。"

这个人就会相信这句话，与平时不同，会更多次地去尝试射门。这可以用"热手效应"（Hot Hand Phenomenon）来解释。"热手效应"指的是以前的成功会让人们对下次成功产生认知偏差。

1985年，行为经济学家阿莫斯·特沃斯基和心理学家托马斯·吉洛维奇在题为《篮球比赛中的热手效应》的论文中首次介绍了这个术语。简单来说，这是一种如果一个篮球运动员连续两三次投篮成功，大家就会认为他下次投篮也会成功的现象。特沃斯基和吉洛维奇以观看篮球赛的球迷为对象进行了实验，他们提出了以下三个问题：

1. 刚才罚球成功的选手，在这次罚球时的命中率预计是多少？

2. 刚才罚球失败的选手，在这次罚球时的命中率预计是多少？

3. 应该给谁多传球？

前两个问题的答案总结如下：之前罚球成功的选手在这次罚球时的平均命中率预计为61%，罚球失败的选手在这次罚球时的平均命中率预计为42%。对于最后一个问题的回答是"把球多传给连续投篮成功的选手"。

  但人们的这种想法是不符合实际的。根据对NBA球员研究的结果表明，以前的成功不会带来下一次的成功。也就是说，即使以前成功，下一次成功的概率仍然是50%。尽管如此，人们仍然错误地认为好运会降临在那些成功过一两次的人身上。篮球运动员自己也会产生这种认知偏差。成功罚球三四次的选手相信自己的运气，此后会更加积极、自信地投球。

  我们小区市场的蔬菜店老板很会利用这一点。那位老板把品质差不多的蔬菜摆在摊位上，让顾客挑选。挑选蔬菜的过程非常有趣。如果客人在摊位上选了一种蔬菜，但是看起来犹豫不决想要放回去的时候，这时老板就会这样说：

  "您今天运气很好。您选的是最大、最新鲜的。"

  这样一来，相信自己有运气的客人就会把选中的蔬菜买下来，甚至连原本没打算买的其他蔬菜也买了。以这样的方式，那家蔬菜店的老板巧妙地打开了顾客的钱包。

  "这位顾客，您这次的运气真不错，买到了最好的。"

  如果是与顾客打交道的人，不妨利用热手效应，可以试着说出这样的台词。相信以低廉的价格买到好东西的顾客会受到激励，他们肯定会欣然打开钱包。

## 古德曼定律：倾听不满并努力解决从而留住顾客的话术

"一开始真的很厌恶，现在却成为粉丝了。"

"袖子有点长，要是缩短一些就好了。"

"这是急需的衣服。麻烦请尽快处理一下。"

每当我提出这样的要求时，有一家服装店会放下正在做的事情，耐心倾听并解决我提出的要求。这家服装店是我经常去的店铺。但并不是一开始就这样。

在此之前有几家我经常去买西装的服装店，起初我主要去质量最好、服务最好的店。可能因为是艺人经常光顾的地方，所以真的很不一样。后来有一次偶然来到新开业的服装店买了衣服，第一次购买的产品竟然有瑕疵。虽然是小事一桩，但第一次购买的产品就有瑕疵，这让我的心情很不好。我想"我再也不会来这里了"。但是我是怎么成了那家店的常客的呢？

名人们经常光顾的服装店是最好的服装店，它一切都很完美，让人感觉不到缺点。但是因为那些店生意太好，老板和店员都很忙，很少有时间与顾客进行亲切沟通，因此顾客与名人经常光顾的服装店不知不觉间渐渐疏远。相反，新开业的服装店虽然有一些不足之处，但随时都可以轻松地谈论服装相关的各种话题。不仅如此，他们还细心地照顾到了我的各种要求。

"扣扣子的时候有点紧。"

"能在后天完成吗？"

只要我有要求的话，服装店老板就会立刻过来倾听我的要求，并立刻解决我要求的事项。经历了三次这样的事，我不得不成为了那家店的常客。

也许有不少人有过这样的经历：一开始是不满意这家店铺的，但后来却成为了常客。是什么样的心理在起作用呢？这与"古德曼定律"（John Goodman's law）有关。

这一定律描述的是不满事项得到完美解决后，顾客重新购买同一品牌的可能性非常高的现象的法则。

市场研究机构TARP的社长在调查20个国家产业现况的过程中发现了一件奇怪的事情。

"哦？完美的产品和服务，与顾客的回购率和回访率是不成正比的。为什么会这样呢？"

这是无法用常识理解的现象。为了了解原因，他进行了调查，并得出了以下结论：

"如果顾客光顾一家店，在没有任何问题的情况下，回访率只有10%。相比之下，当顾客提出不满，店铺对此作出出色应对时，回访率就会达到65%。特别是相对昂贵的商品，这种现象更加突出。在这个时候，没有不满的顾客回访率是9%，而提出不满并得到解决的顾客回访率是70%。"

这是一个惊人的结果！这意味着完美的产品和服务并不是招揽顾客的最佳方法。即使稍有不足，也要尽最大努力听取顾客的意见，并且解决他们的不满，从而使顾客得到满足，这才是吸引顾客的真正秘诀。

有一家总是有人排队的拌饭店，作为热门美食店多次在电视节目中被介绍。店铺是由胡同里的破旧住宅改造而成的，老板是一位头发斑白的60多岁的老人。

我去过这家店几次，产生了这样的疑问："这种程度的味道在哪里都很常见啊。为什么客人却络绎不绝呢？"

店内部有种家庭住宅的氛围，冷气和暖气也不是很好。上菜的时间也很不规律。百思不得其解下，我问老板有没有什么特别的秘诀。他说是因为常客很多。当我问他为什么常客这么多时，他回答说：

"我曾经开过很多次餐馆，但都失败了。味道是味道，宣传是宣传，选址是选址，所有的准备都是很好的，但是结果都不好。在经历了多次失败之后，我又开了这家拌饭店，如果这次还失败，可能就是我开的最后一家餐馆了。而这次我成功了。我找到了秘诀：即使在所有方面都没有准备好，也要尽可能谦虚的倾听客户的话，尽可能的听取大家的不满。"

讽刺的是，成功的店铺并不是没有一丁点儿不满的店铺，而是只有一定程度不满的店铺。因此在这种情况下，最重要的是要真诚地倾听顾客的想法并持有改正的态度。不管是顾客的称赞还是不满。

有哪一个顾客不想去一个店主或员工能够倾听自己的话的地方呢？如果在销售质量好的产品的情况下，销售额却没有迅速上升的话，就考虑一下这一点吧。

"您是否对菜的口味有什么建议？"

"好的，我们马上就改进。下次来您会尝到改进后的味道。"

## 心理感应抗拒理论：用限购方法催促顾客赶紧购买的话术

▼
"错过今天就没有优惠啦！"

"最后一次机会，仅限前20名！"

"限量发售！"

"即将结束！"

这是我们在百货商店和电视购物中经常能看到的宣传语。"仅限前20名的话，是不是已经卖完了？""限量发售，要在断货之前买到它。"看到上面语句的瞬间，顾客就会产生必须马上购买的欲望。并且这种现象并不仅仅出现在购物狂和过度消费者的身上。

顾客平时看到同样的商品并没有什么感觉，但为什么看到"最后的机会"或"仅限今天特价优惠"等字句，就觉得必须要买呢？这是因为"心理感应抗拒理论"（Psychological Reactance）。人在自由受到侵害或威胁的时候，会有更加强烈的抵抗心理。

当我们看到的物品被贴上"最后机会""限量发售""即将结束"等宣传语，我们会感到我们的选择受到威胁，并因此产生抵抗这种威胁的情绪，从而去购买那个物品。

"稀有法则"（The Law of Scarcity）也与此类似。当某物品或对象数量很多时，就会觉得很平庸，但当它变得稀少时，就会出现过高评价其价值的现象。有一项实验对此现象进行论证，研究人员以佛罗里达州立大学学生们为实验对象进行了关于校内食堂的调查，刚开始大部分学生的反应如下：

"食物的味道很差。"

"量太少了。"

9天后，还是以这些学生为对象，进行同样内容的调查，学生们的反应却发生了变化：

"食物的味道还可以。"

"相对于价格来说，这程度还不错。"

是什么导致了这种变化？在这期间，食物的味道和量并没有发生变化。那么理由只有一个。在第二次调查时，学生们被告知因为火灾，他们将在接下来的两周内无法在那个食堂就餐。原本随时可以在食堂品尝到的食物，现在暂时无法吃到了，于是学生们在心理上对此产生了反抗的情绪，所以对食堂食物的评价比平时更高。

这样的限制条件同样也会动摇顾客的心意。因此向顾客传达限制时间、数量、场所等内容，来动摇他们的心吧。如果你是百货商店卖场的员工，就这样对顾客说：

"这位顾客，今天是最后一天打折了。请不要错过这个机会。"

如果是在做促销活动的员工，这样的台词是有效的。

"只给前30名特价！"

"从现在开始，到三点结束，这个价钱只卖1小时！"

如果是卖名牌手工鞋的老板就这样说：

"这个产品在其他地方没有卖的。是只有在这里才能买到的世界上独一无二的鞋子。"

想要拥有人气很高的产品，又或者是想要购买限量商品，这些想法是人们的欲望。不管卖什么，都试着利用心理感应抗拒理论，让顾客的心脏变得紧绷绷的。那么，购买率会不会直线上升呢？

赋予进步效应

穆拉文实验

公开表明效应

问题行为效应

霍桑效应

林格曼效应

罗伯斯山洞实验

# 第六章

## 激励团队
## 提高效率的话术

## 赋予进步效应：鼓励学生继续努力的话术

"太棒了！和之前相比你进步了很多！"

有些学生不管怎么教，都改正不了面试的态度。最具代表性的，就是姿势不端正、语气含糊不清。

"让我们从现在开始逐一改进。"

"让我们进行一个高强度的面试培训课程吧。"

即使这样训练，学生也没能改掉不良的态度和说话习惯。因为根深蒂固的习惯是很难在一夜之间改掉。

所以，在用尽了各种方法之后，我找到了对学生来说最有效的鼓励话术。先让他们做些简单的练习，然后这样对他们说：

"和之前相比，你已经开始有了变化。所以我认为只要再努力一点儿，肯定会有所改善。"

当人们听到自己"已经开始有了变化"，就会被赋予动力。有了改善自己的动机，就会更加积极努力。

这就是"赋予进步效应"（Endowed Progress Effect）。这是当人们正在接近特定目标时，就会更加积极地完成目标的现象。这个术语最初是在消费者研究员约瑟夫·C·努内斯（Joseph.C.Nunes）和泽维尔·德雷兹（Xaviev Dreze）努内斯和德雷兹的实验中提出的。他们在洗车场做了一个实验。将顾客分成两组并给他们发放优惠券，只要盖满印章，就可以免费洗车。两组的优惠券是这样区分的：

- A组的优惠券：10个空格，已盖2个印章。
- B组的优惠券：8个空格，没盖印章。

虽然两组顾客同样被分配了盖8个印章的任务，但结果却不同。A组全部盖完印章的比率比B组高82%。由此可见，人们在已经进行一定程度的状态下完成目标，比在白纸状态下完成目标更能获得动力。

我们该如何利用这一现象呢？在咖啡店或超市等地向顾客发放优惠券时，与发放空白优惠券相比，盖2个章再发放的效果会更好。这样可以进一步提高优惠券的回收率。

在开展活动、项目的时候，也可以利用这个效应从而取得更好的成果。假设老师鼓励学生们参加学校的活动，如果预计学生们的参加率会非常低，那么最好这样说：

"已经有一些学生表示了想要参加的意向。期待大家多多参与。"

在组长和组员们要一起推进重大项目的时候，不能无缘无故地让他们从白纸状态着手。组长在确定了大框架之后，可以向组员展示已经进行了一定程度的项目，并这样说：

"这个项目已经有了一个很好的开端。我相信以后你们会做得更好。"

学习语言也可以利用这一点。哪怕学生只完成一些简单的学习，请老师这样说来赋予学生动力：

"你已经背过平假名①了吗？真了不起。再努力一些，马上就能赶上其他人了。"

"开始就是成功的一半"这句话并不是毫无道理的。让我们用包含"变化已经开始"的宗旨和鼓励的话来实现赋予进步效应吧。

---

① 平假名：日语使用的一种表音文字。

## 穆拉文实验：激发员工热情和自律的话术

▼
"组长的语气让我们备受鼓舞。"

"您刚才说的是什么意思？"

"不好意思，您的意思是要在企划案中增加一些竞争企业的资料吗？"

"组长，您能具体说明一下吗？"

当你没有弄清楚领导的业务指示的时候，可能会提出这样的问题。但是如果是性格急躁的领导那么他希望员工们能够一下子理解他的业务指示，并立即予以推进。因此，如果有反复询问指示事项或支支吾吾的员工，领导就会忍不住郁闷，最终不耐烦地说：

"差不多就行了，怎么这么没有眼色？"

"同样的话你到底要问几次？"

"还没弄好吗?那件事昨天就应该做完的,怎么这么慢?"

但是这种沟通方式或反馈对工作真的有帮助吗?能让人开开心心地去工作吗?显然答案是否定的。

**马克·穆拉文通过实验表明,意志力不是维持不变的,而是会随着使用而消耗。又名"穆拉文实验"(Mark Muraven's experiment)**。该实验的内容可以简单概括如下:

假设有一个孩子按照父母的指示没有吃棉花糖。如果能忍住不吃棉花糖,那么他是个自我控制能力很强的孩子,因此可以预想他在学习和排队时也会保持一贯的自制。但实际上并非如此。因为自制力就像能量一样,用了就会枯竭。在大学攻读心理学博士课程的马克·穆拉文对意志力产生了疑问。

"为什么,有的时候下班后能够努力跑步,有的时候却因为电视的诱惑而无法坚持跑步呢?"

为了解开这个疑问,他以大学生为对象进行了实验。随机招募了67名大学生后,向每个学生提供曲奇、巧克力和含有胡萝卜的食物。这时,对学生们谎称要做味觉测试,首先5分钟内不让他们吃东西。

然后对一半的大学生表示感谢,感谢他们参加实验,并说:

"关于味觉测试，如果有更有效的实验方法，请提出意见。"

对剩下的一半大学生用强压性的语气说：

"现在分发的食物5分钟内绝对不能吃。"

5分钟后参与测试的学生进行有关自制力的电脑测试答题。结果，受到亲切待遇的前一组学生平均12分钟就轻松完成了答题，而受到强压性命令的学生的答题过程和结果都很差。后者不仅要忍受食物的诱惑，还因为受到了强压性的指示，耗尽了自制力。

对此进行了200多项研究后，他得出了这样的结论。

"自制力不是单纯的技能，而是与胳膊及腿部肌肉相似。用多了就会疲劳。所以，如果你在一件事情上使用过多的自制力，你就无法在另一件事情上发挥同样的自制力。"

所以，在职场中对员工进行强压或威逼，对提高业务成果没有帮助。要想提高员工的工作效率，首先要发挥他们的自制力。因此，向员工下达业务指示时使用强压性的语气，从而希望能取得好成绩这一做法是愚蠢的。因为那种语气在开始工作前就已经消耗了员工的自制力。

你希望员工凭带着激情和自律去工作吗？那么就放下你的

高压的态度和唠叨吧。

"我会按顺序介绍一些业务标准,请记下来,如果有不理解的地方请提问。"

"我也想听听朴代理的意见……如果能收集大家的意见,应该能找到更合理的方法。"

让我们铭记,敞开心扉,用亲切的话术包装自己,这才是激发员工热情,让员工更自律的方法。

## 公开表明效应:向大家宣誓自己的目标以激励自己的话术

▼
"各位亲朋好友,今年我一定会……"

"我的目标是1个月减1公斤,今年1年减12公斤。"

"今年一定要完成去年中断的基础会话课。"

"因为睡过头而迟到了很多次,从今天开始我要每天提前10分钟上班。"

每到新年大家都会树立新目标,我也是如此。但是当我到全国各地讲课,睡眠时间不足时,不知不觉就没有了当初的决心。计划的事情,永远只能保持三分钟热度,最后有始无终。4年前,我为了健康决定运动,并购买了6个月的健身中心会员券。但是我总以忙为借口,最终连1个月都没能坚持。

这样的我,前年年初,制定了出书的目标,甚至还更加贪心地制定了出畅销书的目标。但现实并不理想，用疲惫的身体写书并不是一件容易的事情。只要我一坐在书桌边，就会产生睡意，又将面临着有始无终的危机。于是我采取特别措施——借助语言的力量。

"各位，今年我一定要出畅销书。"

"各位老师们，你们可以期待一下。我准备已久的书要在上半年出版了。"

以这种方式努力地向周围人告知我的目标。然后神奇的事情发生了，我打败了我的懒惰，出版了我人生中的第一本书，而且是一本畅销书。

"公开表明效应"（Profess effect）对我的成功起了作用。**公开表明效应是指将自己的目标告诉周围的人，增加自己的执行力，从而更好地实现目标的现象。**

1955年，美国社会心理学家多伊奇博士和格拉特博士进行了一项实验。他们召集了一些参与者，把他们分成A，B，C三组。

对A组这样说：

"不要告诉任何人自己的目标。"

对B组这样说：

"把你的目标写在能马上抹去的写字板上。"

对C组这样说：

"把自己的目标写在纸上，签名后公开。"

结果，因不能坚持而修改目标的人，A组有24.7%，B组有16.3%，C组仅有5.7%。与此同时，**目标公布对象的人数越多，维持原来目标的效果就越好。这种现象与因为他人的期待或关心而提高工作效率，使结果变好的"皮格马利翁效应"（Pygmalion effect）相似。**

这种方法不仅适用于他人，同时也适用于自己。大喊"我能做到"、"我一定会实现目标"、"我是意志坚定的人，我一定会做到的"，这样就会陷入自我暗示中，最终会更好地完成目标。

例如，传奇拳击手穆罕默德·阿里。他是个性格张扬的人，从不会默默地训练。他在刻苦训练的同时，嘴上说的也很多。

"我是最棒的。"

"世上没有人能跟得上我。"

"他肯定在第四局就会被击倒。"

令人惊讶的是，他的话最终都实现了。后来，他还表示自己能够取得胜利不是因为拳头，而是因为这些话术的激励。

如果你制定了新的目标或艰难的目标，就不要独自放在心里，要告诉周围的人，到处大肆宣扬。如此一来，知道你的目标的人会成为催促你的教练，也会成为鼓励你的支持者，所以积极地利用这种力量吧。

## 问题行为效应：用提问激励对方或自己提高践行力的话术

▼
"提出问题，引导他人或自己做出积极的回答"

"孩子已经高三了，不怎么爱学习，我很担心。我该怎么做呢？"

"我经常迟到。我也不想那样做，但是这个坏习惯很难改正。"

这些是来自家长和上班族的苦恼。前者试图引导子女，后者试图引导自己，然而现实是开启新的特定行为并不容易。

我也不例外。因为有深夜边吃夜宵边看电视的习惯，体重一度增长到了64公斤，为了改掉这个习惯真的费了很大的心思。

"今年一定要减10公斤。"

"我要戒掉宵夜，只吃蔬菜。"

听了这些话，我心里就一遍又一遍地下定决心，但每次都没能付诸行动。然而后来的我体重一直维持在47公斤。听到这样的话，大家都大吃一惊，问我到底是怎么减肥的。我给出的回答是：

"决心是指要做特定行为的想法，下决心是小菜一碟的。但是有些人下定决心就会马上把决心付诸行动，而有些人却做不到。决心要想转化为行动，需要践行能力，也需要有提高践行能力的话术，那就是'自问、自答'。通过问自己'是否要减肥'然后自己给出肯定的回答，来提高践行能力。"

这可以用"问题行为效应"（Question-behavior effect）来解释。这是一种"通过自问自答的方式来提高实践能力的现象"。加利福尼亚州立大学、纽约州立大学、华盛顿州立大学、爱达荷大学共同研究组分析了100多件与该效应相关的研究结果。研究组随机召集大学生，对他们是否坚持运动的情况进行调查，并向他们提出了以下问题：

"你接下来两个月都要运动吗？"

对此，学生们点了点头，说：

"当然。我会这么做的。"

此后，对大学生行为的跟踪调查显示，坚持运动两个月的人从14%增加到了26%。研究团队表示，之所以会出现这样的结果，是因为在回答问题的过程中产生了一种类似约定一样的心理反应。

更有趣的是，提问和回答的效果不仅会发生在别人身上，还会发生在提问者自己身上。

加利福尼亚州立大学的埃里克·斯方根伯格博士说："提问很简单，但却是一种有效引起行为变化的话术。"

当你想要促使自己或者他人开启特定行为时，可以利用提问。特别是向自己提问产生的行动力，会比"我要做特定行为"产生的行动力提高2倍以上。

如果学生家长要想让高三学生认真学习，就可以这样提出问题，引导学生做出积极的回答：

"如果你想上××大学，你会专心学习吧？"

如果是不想迟到的上班族，就这样问自己并回答：

"每次都能上班时间提前10分钟到公司吧？当然。我一定会这么做的。"

每个人都在努力改变生活，尝试新的行动。但是正如下定决心的那样，实践起来并不容易。毕竟旧习惯很难改掉。那么,该如何斩断这坚韧的惯性枷锁呢?

让我们来依靠问题行为效应。改变对方和自己的人生,令人愉快的变化即将开始。

## 霍桑效应：表明自己正在关注，以激励对方提升效率的话术

▼
"我一直关注着你。"

"请务必在今天之内完成这个企划案。"

"一定要完成目标业绩。"

"这是新制定的规定，请约束员工们好好遵守。"

因为我经常在企业讲课，所以常常会听到高层领导们对员工的指示。由于经历过多次类似的事情，所以只要听到话中带有指示的语气，我就能猜出对方处于什么位置。虽然指示是为了提高员工工作效率并快速取得预期成果所必需的，但它并不是万能的。

上级误以为只要勤于下达指示，就会直接影响成果。另外，对工作的欲望越大，下达指示的语气就会越霸道。很多人

相信，只要用力施压，就能取得更好的成果，但这是一个很大的误解。

我经常向员工和领导提出这样的建议：

"为了建立组织的等级秩序并开展业务，指示是不可避免的。但指示并不是万能钥匙。特别是命令式的强压性指示会降低员工们的士气，产生被动等反作用。因此最好使用其他方法代替单方面的指示。那就是正在关注着。仅凭这一点，就能显著的提高工作效率。"

**如果知道有人在关注自己，就会改善行为或提高工作效率。这就是"霍桑效应"（Hawthorne effect）。** 霍桑效应的发现得益于西部电气公司和哈佛大学的埃尔顿·梅奥研究团队于20世纪20年代共同进行的研究。这项研究的核心课题是创造怎样的工作环境才能提高工作效率。

首先，研究人员把照明调亮了。他们预测这样会提高员工的士气，提高生产效率。实验结果也证明了这一预测。实验结束后，研究人员这样说道：

"让工厂的工作环境恢复原样。"

工厂内部又暗了下来。大家以为生产效率会下降到和以前一样的水平，但出人意料的是，员工的生产效率反而更高了。

到底发生了什么事情呢？

对原因感到好奇的研究人员对员工进行了采访。

"我们知道著名大学的教授在工厂里进行研究。一想到他们在关注着我们，我就会比以前更努力地工作。"

这是令人意外的回答。问题的解决方法竟然在研究意料之外的地方。通过该实验和采访，研究人员发现，只要关注员工就能提高他们的生产效率。

这个原理很有用。如果你是领导，与其催促员工尽快取得成果，不如这样说：

"很高兴看到你努力工作的样子，我会拭目以待的。"

对于不认真写作业的孩子，父母不要用强迫孩子的指示语气，可以这样对孩子说：

"妈妈一直关注着你的学习。"

无论是监视还是关心，一直被关注的人会受到很大的影响。每个人都可以在自己的领域中适当地利用霍桑效应。

## 林格曼效应：在多人团队中提升个人工作效率的话术

"当我叫出你的名字时，你的成绩达到了200%。"

我经常给大学生出以小组形式做报告的课题，小组的构成将由学生自行决定。一般是由三、四个人组成的小组，但偶尔也能看到由六、七个人组成的小组。乍一想，也许会觉得团队成员越多，结果越好。但是现实真的如此吗？

实际上并非如此。只有必要人员组成的团队才会取得好成绩，而由大量人员组成的团队大多数会出现不好的结果。一起工作的人数量太多，就会因此放松下来或者谈论其他事情，浪费时间。这不仅仅是大学生才会出现的问题。

我深知这一点，在接受企业的项目委托时，只挑选必要的少数人才组成团队，然后这样说：

"并不是因为经费不足,才由少数人组成团队。而是因为从经验上看,我们知道在用必要的少数人组成团队时,每个人都会发挥最大的潜力。希望大家都抱着主人翁意识,努力工作。"

**出现这种现象是因为"林格曼效应"(Ringelmann effect)。这是集体成员人数越多,人均贡献度就越低的现象,这往往与社会懈怠有关。**

法国农业工程师林格曼在召集要拔河的人后,测定了拔河的力量。一开始是1个人拔河,这时个人的力量发挥了100%;接下来是3个人拔河,这时个人的力量发挥了85%;8个人拔河的时候个人的力量发挥了64%。根据实验结果,他说:

"如果个人属于集体,就不会最大限度地发挥自己的能力。特别是成员越多,这种倾向就越强。"

"帕金森定律"(Parkinson's law)能很好地解释上述情况。业务量的增加与工作人数没有任何关联,工作人数的增加与业务量没有任何关联,这种现象就是帕金森定律。这意味着不是因为工作多所以需要的人数就多,而是因为人数多所以需要更多的工作岗位。

人们往往认为组织成员人数多,每个人就会取得很高的成果，整个组织的成果也会随之提高，但事实并非如此。其理由是，个人隐藏在整体之中，随着成员人数的增加，很难体现出个人是否认真工作。因此，很多情况下组织中的每个人都不能发挥出最高的效率。

人员多的组织不太团结或个人业务能力下降也是这个原因。特别是，越是处于成员多的组织的人，在工作时就越懈怠，很容易开小差。

"西装很帅，是哪个牌子的？我也要去做一套。"

"昨天相亲怎么样了？我很好奇，说说看吧。"

如果工作规模变大，为了达到目标，组织成员就需要增加。那么在不可避免地要增加成员的时候，能够最大限度地发挥个人力量的方法是什么呢？

很简单。就是经常叫组织成员的名字，让他具备主人翁意识。人员越多，个人就越会被埋没在组织之中，进而产生免费获取组织成果的欲望。因此，密切关注组织中的每一个人是很有必要的，所以，叫名字这一做法会有所帮助。每一个成员都不是众多人中可有可无的一员，应该让他们意识到"我"的存在，并产生强烈的责任感。

组织的领导者要记住每一名成员的名字。当你走近他，叫他的名字时,他就会以个人的身份,重新审视自己的职责,然后与独自进行工作时一样,发挥百分百的力量。

叫一个人的名字,代表着认可和关注他的存在,不仅有助于恢复彼此之间的关系,还能让这个人在组织中带着自豪感,从而发挥巨大的力量。

## 罗伯斯山洞实验：消除冲突，提高团结

▼
"我们公司没有利己主义者。"

"由于员工之间的竞争过于激烈，导致生产效率下降，这让我很苦恼。"

"主力选手的竞争太激烈了，团结不起来。"

产生协同效应的适当竞争是值得鼓励的。但是如果竞争过于激烈，甚至破坏了团队合作，问题就会变得非常严重。如果能进行善意的竞争，相互发挥自己的作用就再好不过了，但很多时候并不是这样的。每一位成员都具有强大的能力，但是如果在组织中围绕成果而展开竞争，就会产生内耗，最终对组织造成伤害。

谁不愿意在组织中脱颖而出呢？很少有人愿意看到同事取得比自己更好的成果或更快的晋升。因为如果对方取得卓越的

成果，就会感觉自己变得越来越差劲。

正因为如此，即使聚集再多的人才，也很难实现相互合作的团结情况。因此，企业和体育相关人士经常询问如何才能顺利地进行组织沟通，从而实现团结的秘诀。这时，我经常给出下面这样的回答：

"无论是哪个组织，只要有优秀的人才聚集在一起，就难免会产生善意或恶意的竞争。这是很自然的现象。领导者应该很好地引导他们，使他们的热情和能量不被矛盾消耗。这时，需要制定共同的目标。"

**即使是不同性质的群体，只要有共同的目标，矛盾就会减少，"罗伯斯山洞实验"（Robbers Cave experiment）就很好地证明了这一点。**

1954年，美国社会心理学家穆扎弗·谢里夫在罗伯斯山洞附近的夏令营场地召集了24名12岁的少年。他们被分成两组，一组被命名为响尾蛇，另一组被命名为老鹰。一周后，他指示两个小组聚在一起玩一场分胜负的游戏。

"从现在开始，我们将进行拔河、搭帐篷等活动。获胜的小组有奖品，你们要努力。"

结果，两个小组之间的孩子们产生了矛盾，最终演变成了争吵。为了解决这一问题,工作人员安排他们一起吃饭、一起看电影,但都无济于事。这时,谢里夫向工作人员下达了新的指示。

"让孩子们互相合作。"

他们给孩子们安排需要齐心协力合作的事情。其中包括修理营地水管、为租赁电影录像带筹集资金、拉出陷入泥沼里的食品材料配送卡车等。几天后,孩子们之间的矛盾消失得无影无踪,就像是在一个小组一样相处得很好。因此,罗伯斯山洞实验证明了通过向共同目标前进,不同性质的群体也可以消除矛盾并进行合作。

罗伯斯山洞实验的效果也可以在企业内部使用。当部门之间的竞争激烈而导致内部氛围严峻时,领导往往会指责员工:

"真是自私啊。不知道公司发展得好,个人才能发展得好吗,只知道吵架,真是不像话……"

在这种时候,领导应该做的事情是进行调整和协调。如果是一味地想展开类似像家人一样的令人尴尬的"破冰"活动,那希望你放弃这种想法。这样急躁地让大家和解并团结是不合理的。给他们更好的奖励,创造更好的环境,并不能弥补感情上的空白。但是当领导向所有成员提出共同目标时,此时成员的团结度就会迅速提高。

"现在,公司是一个风中之烛。如果公司危在旦夕的话,我们都会岌岌可危。现在是大家一起向着一个目标前进的时候了。让我们齐心协力,共同克服危机。"

如果你是足球队的教练,为了消除主力选手之间的消耗性竞争,你会怎么说?换作是我,我会这样说:

"在没有比赛的冬天里,请两名主力选手共同管理我们足球队球迷俱乐部的网站。因为访问网站的会员数持续下降,所以我很苦恼。为了让两个月内访问粉丝俱乐部的会员数增加,希望两个人能齐心协力考虑一下。"

这种方法论不仅适用于企业也适用于年龄相近的兄弟姐妹之间。

"如果两个人齐心协力把这件事做好的话,我会考虑暑假的时候带你们去旅行。一周后,我会看看你们合作得有多好,然后再做决定,你们认真准备吧。"

但有一点要注意。不能每次吵架都用同样的方法,这样次数一多,效果会减半。

另外,当员工们达成共同目标后,有些领导在评估结果时可能会说：“谁做得更努力？”"这部分是谁做的？"最好不要出现以这种方式衡量个人成果的愚蠢行为。

对于什么时候应该使用这种话术，提出什么样的共同课题，希望大家能够发挥自己敏锐的判断和适当的智慧。